Votre cerveau n'a pas fini
de vous étonner

Boris Cyrulnik, Pierre Bustany,
Jean-Michel Oughourlian,
Christophe André, Thierry Janssen

Votre cerveau n'a pas fini de vous étonner

Entretiens avec Patrice Van Eersel

Albin Michel

Collection Entretiens / Clés

Ouvrage publié sous la direction
de Marc de Smedt

Avant-propos

On savait que c'était l'entité la plus complexe de l'univers connu, mais le feu d'artifice de découvertes récentes dépasse l'entendement et fait exploser tous les schémas : notre cerveau est beaucoup plus fabuleux qu'on le croyait. Il est *totalement élastique* – même âgé, handicapé, voire amputé de plusieurs lobes, le système nerveux central peut se reconstituer et repartir à l'assaut des connaissances et de l'action sur le monde – et *totalement social* – un cerveau n'existe jamais seul, mais toujours en résonance avec d'autres. Mieux : nous sommes neuronalement constitués pour entrer en empathie avec autrui et aller à son secours.

Combiner ces deux approches, c'est admettre qu'*Homo sapiens* peut changer en modifiant lui-même sa structure, ce qui peut être source d'espoir pour l'avenir. Ce livre aborde ces questions passionnantes avec cinq médecins qui sont aussi des chercheurs, chacun sous un angle clinique spécifique.

Boris Cyrulnik, le célèbre neuropsychiatre et éthologue, promoteur du concept de résilience, démontre que si ce processus nous permet de remonter la pente, même depuis des situations très difficiles, c'est grâce à notre « plasticité neuronale », une notion qui révolutionne la neurologie depuis une vingtaine d'années à peine. Il signale ainsi, de façon tangible et quasiment palpable, que toute démarche psychothérapeutique mais aussi toute relation affective forte modifient matériellement notre cerveau, quel que soit notre âge.

Pierre Bustany, de l'université de Caen, nous dit comment les nouvelles techniques d'imagerie du cerveau ont modifié notre vision de la psyché, notamment en nous permettant de découvrir les neurones miroirs. Sans eux, nous serions psychotiques, ou pervers, incapables d'entrer en empathie et même simplement de communiquer avec autrui. La fonction miroir est devenue un point central de la connaissance psychoneuronale.

Jean-Michel Oughourlian, psychiatre à l'Hôpital américain de Neuilly et professeur de psychologie à la Sorbonne, s'est spécialisé dans les questions de mimétisme, avec le philosophe René Girard, inventeur du concept de désir mimétique qu'il a contribué à faire mieux connaître au grand public. La découverte des neurones miroirs est venue corroborer de façon spectaculaire les visions de ces deux pionniers, leur inspirant une nouvelle anthropologie.

Christophe André, psychiatre qui a introduit la méditation à l'hôpital Sainte-Anne, à Paris, suit de près, depuis des années, les recherches que neurologues et psychologues cognitivistes, surtout américains, mènent sur les moines bouddhistes en méditation et sur les nonnes chrétiennes en prière. Il en émerge une vision « neuro-spirituelle » du cerveau.

Thierry Janssen, chirurgien devenu psychothérapeute, qui est actuellement le meilleur vulgarisateur francophone des relations corps-esprit et médecine d'Orient-médecine d'Occident, explique ce que la neuroplasticité veut dire pour chacun de nous au quotidien.

Notre cerveau pourra-t-il jamais percer entièrement ses propres mystères ? Cela semble logiquement impossible : il faudrait que la conscience puisse s'en extraire pour l'observer du dehors. Mais la conscience est-elle un produit du cerveau, ou constitue-t-elle un état du réel en soi, que le cerveau ne ferait que capter et que nous pourrions isoler de nos neurones ? Questions à la fois brûlantes et éternelles, que les dernières recherches scientifiques reposent de façon nouvelle. Le fait est là : que nous soyons éveillés ou endormis, en grande conscience lucide ou en « pilote automatique », est-il besoin de dire que sans notre cerveau, nous n'existerions pas ? Nous nous servons de lui à chaque seconde de notre vie ! En nous disant de quelles manières ils intègrent à leurs pratiques respectives les nouvelles découvertes sur le fonctionnement cortical, ces cinq thérapeutes nous amènent donc à balayer le champ intégral de nos existences.

Faire un bilan exhaustif de l'état des recherches demanderait certes une encyclopédie – qu'il faudrait renouveler tous les mois, tant les chantiers sont nombreux et fructueux ! Ce livre vise simplement deux objectifs : vous donner un aperçu des nouveautés les plus frappantes, en vous les présentant sous forme d'une enquête journalistique ; vous donner envie d'aller chercher plus loin, à travers les entretiens avec nos cinq thérapeutes, qui braquent leurs projecteurs sur les aspects les plus évidents de la « révolution du cerveau ».

Patrice Van Eersel

Première partie

NOTRE CERVEAU EST PLASTIQUE

Nos neurones se remodèlent et se reconnectent jusqu'à la fin de notre vie

Voilà quelque temps qu'une expression circule : « plasticité neuronale ». En matière de découvertes sur le cerveau, ce qu'on appelle ainsi représente une avancée majeure, qui bouleverse notre vision du monde. Pour schématiser à l'extrême, on a aujourd'hui la preuve que quasiment n'importe quelle zone du cerveau est modelable, au prix d'efforts puissants mais accessibles, et que les zones corticales « spécialisées » dans telle ou telle fonction sensorielle (toucher, vision, audition...) ou motrice (commandant nos centaines de muscles...) peuvent se remplacer les unes les autres. Une plasticité vertigineuse. Certaines personnes fonctionnent avec seulement un demi-cerveau [1], d'autres avec 90 % des liaisons entre néocortex et bulbe rachidien rompues ! Autrement dit, l'engin cosmique que nous portons dans notre boîte crânienne est habité de potentialités infiniment plus étonnantes que tout ce qu'on avait pu imaginer. Cela

1. C'est le cas de la petite Jody Miller, à qui on a retiré le cerveau droit ! Cf. www.youtube.com/watch?v=TSu9HGnlMV0&feature=related

ouvre des perspectives faramineuses, pour développer des capacités inconnues, mais aussi pour « réparer » tous ceux qui souffrent de troubles psychiques et neuronaux.

Désormais, les étudiants apprennent la « triple plasticité du système nerveux ». En peu de temps, sous l'influence d'émotions, d'images, de pensées, d'actions diverses, peuvent se produire plusieurs phénomènes : de nouveaux neurones peuvent naître dans notre cerveau ; nos neurones peuvent se développer (jusqu'à décupler leur taille) et multiplier leurs synapses (ou au contraire se ratatiner si on ne fait rien) ; nos réseaux de neurones peuvent s'adapter à de nouvelles missions, jusqu'à remplacer un sens par un autre (la vue par le toucher, par exemple) ; enfin, l'ensemble de notre cerveau peut entièrement se réorganiser, par exemple à la suite d'un accident.

Cette plasticité est particulièrement puissante chez le jeune enfant. À deux ou trois ans, il a appris sa langue maternelle, son vocabulaire de base, son accent, les grandes lignes de sa syntaxe. Jusqu'à six ou sept ans, il peut presque aussi facilement apprendre une seconde langue. Dix ou vingt ans plus tard, ce sera beaucoup plus difficile et il conservera sa vie durant un accent étranger. Cela ne signifie pas qu'un cerveau adulte a perdu sa plasticité. Les systèmes corticaux traitant le langage ont tendance à se stabiliser particulièrement tôt, ce qui n'est pas le cas de nombreux autres systèmes.

Mais savez-vous que, jusqu'aux années 1970, l'expression même de « plasticité neuronale » était littéralement taboue chez les neurologues et les neuropsychiatres ? Parmi les très nombreux livres qui, depuis quelque temps, racontent comment ce dogme a été renversé, l'un des plus intéressants est celui de Norman Doidge, psychiatre de Toronto et chroniqueur au *National Post* canadien. *Les Étonnants Pouvoirs de transformation du cerveau*[1] nous embarque dans une vraie saga. Fantastique et surtout stimulante, parce que les histoires qu'elle raconte reviennent finalement à dire que, si on le veut vraiment, on peut garder un esprit élastique jusqu'à notre mort – même au-delà de cent ans. Cette élasticité dépend essentiellement de deux données : notre goût pour le nouveau et notre capacité à l'empathie. Quant à tous ceux qui souffrent d'un handicap neuronal ou psychique, cette nouvelle vision représente pour eux une immense bouffée d'espoir.

L'incroyable intuition des frères Bach-y-Rita

Norman Doidge présente plusieurs personnages hors norme, grâce à qui ces réalités si longtemps méconnues nous sont devenues accessibles. Des personnages étonnamment modestes, dont le premier est un « médecin-ingénieur-bricoleur » américano-hispanique, du nom de Paul Bach-y-Rita. Un homme absolument inattendu, habillé à la Charlot, et d'une convivialité exquise…

Tout commence en 1959, le jour où Pedro Bach-y-Rita, vieux poète et érudit catalan émigré aux États-Unis, se retrouve paralysé par un accident vasculaire cérébral (AVC). Le pronostic des spécialistes est rapide : rien à faire, il sera hémiplégique à vie et ses jours sont comptés. Le fils aîné de Pedro, George Bach-y-Rita, est un jeune

1. Belfond, 2008.

psychiatre qui refuse de croire son père fichu. Une inspiration délirante (il ne connaît rien à la rééducation) lui dicte de considérer le paralytique comme un nouveau-né et de lui réapprendre tous les gestes de base. Avec l'aide d'un ami et d'équipements bricolés, il va mettre le vieux monsieur à plat ventre dans le jardin, pour le faire ramper, puis marcher à quatre pattes, sous les yeux des voisins choqués. Au bout d'un an d'exercices quotidiens acharnés, Pedro Bach-y-Rita jouera du piano, dansera et redonnera des cours à la faculté, à la stupeur des médecins. Personne n'y comprend rien, pas plus George que les neurologues.

Pourtant, le fils cadet du « miraculé », Paul Bach-y-Rita, qui revient d'un long voyage et a suivi avec émerveillement l'exploit de son frère et de son père, prononce un mot : « neuroplasticité ». À l'époque, personne ne sait de quoi il parle. Paul est un génie touche-à-tout. Il a vécu dans dix pays, parle six langues, a étudié la médecine et la psychopharmacologie, et va bientôt se mettre à l'ingénierie biomédicale, ainsi qu'à la neurophysiologie de l'œil et du cortex visuel. Sa lecture transversale et hétérodoxe des données scientifiques disponibles (en particulier des expériences allemandes prouvant que le cortex visuel du chat est également sensible aux sensations tactiles) l'en a convaincu : notre système nerveux est une entité vivante infiniment plus modelable et élastique que ce que nous croyons. Quand son père meurt, six ans plus tard, de sa « belle mort », Paul fait autopsier son cerveau et découvre cette chose stupéfiante : 97 % des nerfs reliant son cortex cérébral à sa colonne vertébrale avaient été détruits par l'AVC. Il a donc vécu durant six ans avec 3 % de connexions seulement – et c'est sur cette base que son fils George l'a rééduqué ! Mais les neurones correspondant à ces 3 % se sont formidablement développés, pour remplir toutes les fonctions vitales – ce qui est strictement impossible en théorie.

Confirmé dans ses intuitions, Paul va se mettre à l'invention d'une machine étonnante : un fauteuil qui, par transformation d'images en impulsions électriques, permettra à des aveugles de voir par la peau ! Trente ans plus tard, ce fauteuil pesant deux tonnes est devenu un appareil minuscule qui, au lieu d'envoyer ses « pixels électriques » à tout le dos de la personne, lui irradie (très discrètement) la langue. Et de cette façon l'aveugle « voit » avec sa bouche, suffisamment bien pour reconnaître la silhouette d'une actrice, ou éviter un ballon qu'on lui envoie dessus ! Des images visuelles arrivent donc à sa conscience à partir de son ressenti tactile.

Le premier article de Paul Bach-y-Rita dans la revue *Nature* date de 1967, mais il faudra attendre les années 1990 pour qu'il soit vraiment pris au sérieux. Aujourd'hui vieux à son tour, Paul Bach-y-Rita dit en riant qu'il peut « relier n'importe quoi à n'importe quoi ». Par exemple, cas le plus simple, détourner quelques-uns des nombreux nerfs de la langue pour redonner leur motricité à des parties « mortes » du visage de certains accidentés (leur cerveau met quelques semaines à peine à comprendre que certains neurones ne correspondent plus désormais à la langue mais, par exemple, à la joue). Longtemps, ce neurologue a été considéré comme un farfelu. Les premiers à avoir cru en lui sont les centaines de personnes qui, sous sa conduite, ont retrouvé leur motricité, leur dextérité, leur équilibre, leur vie ! Certes, pour y parvenir, toutes ont dû fournir des efforts colossaux, quotidiennement, pendant des mois, des années. Il faut une volonté de fer (à l'instar du vieux père de ce génie) pour ne pas se décourager devant la lenteur des progrès et l'apparente impossibilité de la tâche. Moyennant quoi l'adaptabilité de notre système nerveux central dépasse l'entendement.

Désormais, les neurologues décrivent les zones de notre cerveau comme des « processus plastiques interconnectés », susceptibles de traiter des informations d'une diversité insoupçonnée. Certes, ces zones ne sont pas sans spécialisation : l'aire de Broca joue bien un rôle essentiel dans la diction des mots, comme l'aire de Wernicke en joue un dans la compréhension de ces même mots. Pourtant ces spécificités ne sont pas aussi rigides et cloisonnées qu'on le pensait. En leur temps, au XIXe siècle, le Français Paul Broca et l'Allemand Carl Wernicke – et jusqu'à l'Américain Wilder Penfield, un siècle après eux – furent eux-mêmes des génies d'avoir su localiser les zones corticales qui allaient porter leurs noms. Mais à leur suite s'est développée une vision fondamentalement « localiste » du cerveau, avec des zones immuables, supposées être « câblées » comme des machines électriques, ce qui a rigidifié toute la neurologie. Si une zone était détruite, il n'y avait plus grand-chose à faire…

La tendance localiste a des fondements puissants. Nos réflexes les plus archaïques dépendent incontestablement de notre moelle épinière et de notre bulbe rachidien. Nos pulsions vitales sont régies par de petites structures enfouies au centre de notre crâne, familièrement regroupées sous le terme de « cerveau reptilien ». Nos émotions de base (peur, joie, colère…), elles, sont modulées par les structures intermédiaires, communes aux mammifères, que les neurologues regroupent sous le terme de « cerveau limbique ». Quant à notre énorme néocortex, qui enveloppe le tout, il est clair que, sans lui, nous n'aurions aucune des capacités humaines : réflexion, langage, discernement...

Il n'empêche : découvrir que tout cela est infiniment souple et adaptable donne un nouveau souffle à notre connaissance de nous-mêmes et à nos thérapies. Nos cent milliards de neurones, nos centaines de milliards de cellules gliales (longtemps prises pour un simple « rembourrage » alors qu'elles jouent sans doute un rôle crucial dans la « connectique » cérébrale) et nos dix à cent mille milliards de connexions synaptiques (qui joignent les neurones) constituent une jungle grouillante, que nous pouvons influencer et « jardiner », jusqu'à en redessiner les structures de fond.

Le thérapeute mathématicien de la neuroplasticité

Un autre grand personnage de cette révolution est l'Américain Michael Merzenich. Lui aussi a l'intuition de la neuroplasticité dans les années 1960, quand il est encore étudiant à l'université de Hopkins et qu'il suit avec passion les travaux de David Hubel et Torsten Wiesel sur l'aire visuelle du cerveau (recherches qui leur vaudront le prix Nobel de médecine en 1981). Hubel et Wiesel prouvent que la spécialisation du cerveau n'est pas à 100 % prédéterminée génétiquement et que tout se joue dans les premiers mois de la vie : un nouveau-né à qui l'on banderait les yeux pendant un an ne verrait jamais. La fonctionnalité cervicale se développe dans l'action.

Mais selon eux, cette relative plasticité neuronale s'arrête ensuite. Une fois structurés, les réseaux de neurones le sont à jamais. Michael Merzenich prouve patiemment le contraire : rien n'est jamais arrêté dans le cerveau...

Sa démonstration va essentiellement reposer sur des expériences sur des singes à qui on a appliqué des microélectrodes (l'IRMf, imagerie à résonance magnétique nucléaire fonctionnelle, viendra plus tard confirmer les données). Pour résumer, Merzenich démontre que les neurones se comportent comme des êtres à la fois indépendants et collectifs, en compétition les uns avec les autres et utilisant leurs réseaux pour « coloniser » tout territoire vacant. Avant même de prendre en compte le fait que les neurones puissent repousser (un adulte en perd vingt à trente mille par jour), leur taille, leur puissance et surtout leurs connexions varient dans des proportions considérables. Si l'arrivée du nerf sensoriel du milieu de votre main est coupé, vous ne sentirez momentanément plus rien de cette partie de votre corps, puis une certaine sensibilité va peu à peu revenir. Pourquoi ? Parce que les nerfs périphériques de votre main vont progressivement occuper l'espace neuronal ainsi neutralisé et remplir la fonction délaissée. Cette mobilité spontanée est permanente et peut s'avérer rapide : Merzenich découvre que nos aires cérébrales changent en quelques mois, quelques semaines, parfois quelques jours. Et il parvient à mathématiser une loi fondamentale du processus : « Le temps sensoriel engendre l'espace neuronal. » Par exemple si, avec votre pouce, vous sentez systématiquement, dans l'ordre temporel, votre index, puis votre majeur, puis votre annulaire, les neurones correspondant à l'index, au majeur et à l'annulaire se rangeront spatialement dans cet ordre-là à l'intérieur de votre cerveau. Une logique globale règne sur l'ensemble : si l'on inverse les nerfs des pattes droite et gauche d'un singe, après une période de chaos, le cerveau du pauvre animal se rééduque de lui-même et rétablit le circuit dans le bon ordre !

C'est ainsi que Michael Merzenich impose le mot « plasticité » en neurologie. Au point que Torsten Wiesel fera un geste rare : le prix Nobel reconnaîtra s'être trompé, adoubant en quelque sorte toute une nouvelle façon de penser, façon théorique mais surtout thérapeutique. Car Merzenich va passer l'essentiel de son temps à développer une méthode, le *Fast For Words*, destinée aux personnes en difficulté, en particulier aux enfants présentant des déficiences verbales et mentales et aux seniors souffrant de maladies dégénératives. En suivant des exercices audiovisuels, d'abord très lents, puis de plus en plus rapides, des milliers de personnes mettront ainsi leur plasticité neuronale directement au service d'une rééducation et d'une guérison inespérées.

En fait, les conseils essentiels de Michael Merzenich sont simples :

– ne jamais cesser d'apprendre, régulièrement, toute sa vie, des choses nouvelles, dans des disciplines nouvelles, de façons nouvelles ;

– se méfier de la pollution sonore (Oliver Sacks est du même avis, dans *Musicophilia*, Le Seuil, 2009) ;

– ne pas se décourager devant la lenteur de la rééducation, qui avance par paliers ;

– comprendre que les médicaments neurochimiques peuvent aider, mais ne remplacent pas l'exercice ;

– éviter la tension, le diabète, le cholestérol ou le tabac, qui sont les ennemis de la plasticité neuronale ;

– aimer les aliments antioxydants (fruits, légumes, poisson), l'activité physique, le calme, la gentillesse, le rire et l'empathie, qui favorisent la plasticité.

L'incroyable découverte de la neurogénèse adulte

Mais ce qui va définitivement hisser la neuroplasticité au rang des concepts majeurs de la science à venir, et en faire un espoir médical inouï pour toute l'humanité, c'est cette découverte fantastique : contrairement à ce que nous avons tous appris à l'école, nos neurones peuvent repousser. Certains neurologues en avaient eu l'intuition dès les années 1960, sans parvenir à le démontrer. C'est en travaillant d'arrache-pied à tenter de trouver une façon de soigner les maladies neurodégénératives, comme la maladie de Parkinson, la chorée de Huntington ou la maladie d'Alzheimer, que les chercheurs sont peu à peu parvenus à décrypter le plus inattendu des processus.

En 1992, les neurologues Brent Reynolds et Samuel Weiss de l'université de Calgary (Alberta, Canada) découvrent des cellules souches, progénitrices de neurones, dans le striatum (une zone sous-corticale) du cerveau des souris. Six ans plus tard, en 1998, Elizabeth Gould, de l'université de Princeton, réussit à démontrer que des neurones nouveaux sont également engendrés dans l'hippocampe du cerveau de singes adultes. La même année, Fred Gage, du Salk Institute, fait la même démonstration, mais cette fois chez l'être humain. Ensuite, de nombreux laboratoires vont se mettre sur la piste.

Une avancée décisive sera conduite par l'équipe de Pierre-Marie Lledo, de l'unité « Perception et mémoire » de l'Institut Pasteur, en collaboration avec une équipe de l'université de Hambourg. En 2004, ce neurobiologiste, qui enseigne aussi à Harvard, découvre de quelle façon les nouveaux neurones, après être nés dans les profondeurs subcorticales, migrent dans toutes les zones du cerveau qui en ont besoin : le parcours des cellules germinales est d'abord guidé par une molécule, la ténascine, qui les conduit vers le lobe olfactif, où elles deviennent de vrais neurones opérationnels. L'olfaction, notre sens le plus archaïque avec le toucher, s'avère jouer un rôle décisif dans la reconstitution de nos neurones ! C'est d'ailleurs parce qu'ils exploraient la piste des odeurs que Lledo et son équipe sont tombés sur la piste de la ténascine : se demandant pourquoi les odeurs sont si puissamment articulées à nos réminiscences les plus fortes, ils ont découvert que de nouveaux neurones apparaissent en permanence dans le cortex olfactif, d'où ils migrent ensuite vers toutes les autres aires corticales.

L'objectif des neurologues devient alors clair : découvrir comment contrôler la molécule de ténascine, pour qu'elle expédie les nouveaux neurones vers telle ou telle zone malade, que l'organisme, pour telle ou telle raison, n'approvisionne pas spontanément. Un premier pas dans ce sens est fait en 2008, quand l'équipe de Pierre-Marie Lledo, associée à celle de Pierre Charneau, également de l'Institut Pasteur, réussit un premier « pilotage » de ladite molécule… Les maladies neurodégénératives pourront-elles être soignées ? Cet espoir n'est désormais plus irréaliste. Mieux : sachant contrôler la floraison de nouveaux neurones dans tout le cerveau, nos descendants pourront peut-être développer des facultés dont nous n'avons pas idée et qui changeront leur vie.

Pourquoi la neuroplasticité change tout

Beaucoup de révolutionnaires de la première moitié du XXe siècle, qui avaient espéré créer un « homme nouveau », ont sombré dans le plus grand pessimisme, après les horreurs auxquelles ils avaient assisté, tel Arthur Koestler, concluant ses dernières synthèses scientifiques [1], dans les années 1960, par l'idée que l'humanité était vraisemblablement atteinte d'une « erreur de fabrication » irrémédiable. Pourquoi ? Notamment parce que notre néocortex, siège de la pensée, de la raison et du langage, fierté éblouissante de notre engeance et nouveauté absolue sous le firmament, entrait inexorablement en court-circuit avec notre cerveau archaïque, siège de nos pulsions vitales, égoïstes et sauvages. Entre les deux, il n'y avait finalement pas de médiation possible – quoi qu'aient pu tenter la psychanalyse et la psychiatrie. Et cela dégénérerait donc toujours en catastrophe, jusqu'à l'hécatombe terminale.

Ces désabusés n'avaient pas forcément tort. Sauf sur un point, essentiel. Leur défaitisme reposait entièrement sur la vision d'un cerveau fixe, sinon immuable, ne pouvant se transformer qu'à très long terme, à l'échelle darwinienne de dizaines ou de centaines de milliers d'années d'évolution. Mouvement trop lent pour faire face aux métamorphoses fulgurantes de la civilisation. Or ce que nous apprenons, un demi-siècle plus tard, contredit cette vision dans des proportions ahurissantes.

1. Cf. en particulier *Le Cheval dans la locomotive*, Calmann-Lévy, 1967.

Notre cerveau est plastique

Ce que démontrent les « neuroplasticiens », comme les appelle Norman Doidge, c'est que l'image que nous nous faisons de notre cerveau change sa structure. Autrement dit, en lisant cet article, vous modifiez vos neurones… Et en tombant amoureux, encore plus ! Une mutation autocontrôlée de l'être humain est donc neuronalement possible. Cette mutation doit se dérouler à la fois sur les plans individuel et collectif, car nos cerveaux sont fondamentalement bâtis pour être reliés à d'autres cerveaux. Sans cela, ils ne pourraient même pas s'édifier.

Mais commençons par voir ce que le neuropsychiatre Boris Cyrulnik pense de la notion de plasticité neuronale et corticale et comment elle s'articule à sa théorie de la résilience.

Entretien avec Boris Cyrulnik

« Donnez de l'affection à un enfant abandonné, ses connexions synaptiques pousseront comme du blé qu'on arrose »

Né en 1937, l'un des rares de sa famille à avoir échappé à l'extermination nazie, Boris Cyrulnik est neuropsychiatre, éthologue et psychanalyste. Responsable d'un groupe de recherche en éthologie clinique à l'hôpital de Toulon et enseignant l'éthologie humaine à l'université du Sud-Toulon-Var, il est surtout connu pour avoir développé en France le concept de résilience, qui explique comment il est possible de « renaître » après une très grande souffrance traumatique. Il est également membre du comité de parrainage de la Coordination pour l'éducation à la non-violence et à la paix. Ses nombreux ouvrages sont tous des succès de librairie, notamment Les Nourritures affectives, Un merveilleux malheur, Les Vilains Petits Canards, *et* De chair et d'âme[1].

Patrice Van Eersel : La première chose qui frappe quand on enquête sur le cerveau, c'est de découvrir à

1. Odile Jacob, respectivement 1998, 1999, 2004 et 2006.

quel point l'expression « plasticité neuronale » a été taboue pendant longtemps – jusque très récemment. Que vous enseignait-on à ce sujet quand vous étiez étudiant dans les années 1960, et quelles ont été les étapes de la transgression de ce tabou ?

Boris Cyrulnik : Quand j'ai commencé médecine, dans les années 1950, on nous enseignait que l'on perdait cent mille neurones par jour. C'est toujours vrai. Mais nous n'en avons rien à faire parce que, vu les milliards de neurones et de connexions que nous avons tous, perdre cent mille neurones par jour, ce n'est rien. Même si vous vivez jusqu'à cent vingt ans, il vous en restera toujours assez pour parler, penser et agir comme Léonard de Vinci ! Le problème, c'est qu'en médecine la connaissance nous vient généralement de l'étude des maladies et de la découverte de traitements susceptibles de les soigner ; or, dans notre cas, ça partait mal, puisqu'on nous enseignait qu'un cerveau touché était un cerveau fichu. « Un neurone blessé est irrécupérable, un cerveau blessé aussi », voilà ce que nous disaient nos maîtres. Le cerveau était une entité qui se figeait dès le début de la vie. On pouvait à la rigueur l'entretenir, mais guère mieux. La tendance générale était entropique : dès la fin de l'enfance, le système nerveux ne connaissait qu'une lente et inexorable dégradation. Ce dogme entraînait des décisions cliniques vertigineuses. De nombreux praticiens disaient d'ailleurs : « La neurochirurgie est inutile. S'il y a abcès, tumeur, le cerveau est perdu puisque les neurones ne se régénèrent pas. » Et l'on abandonnait donc les gens malades du cerveau sans les soigner. La neurologie était alors considérée comme une simple discipline de classification et la neurochirurgie comme un parent pauvre de la médecine, tout comme la psychiatrie. Interne, j'ai vu des salles de soixante lits, côte à côte, quasiment sans médecins. Personne ne voulait choisir cette spécialité. C'était toujours celle des « incurables ». On enfermait les gens et c'était fini.

Comment est-on sorti de là ?

Il faut remonter en 1949, quand le Dr Egas Moniz invente une intervention de neurochirurgie effarante : la lobotomie. Grâce aux « gueules cassées » de la première guerre mondiale – seule la tête de ces malheureux sortait des tranchées, ceux qui survivaient avaient donc d'énormes lésions neurologiques –, on savait clairement qu'un humain pouvait (éventuellement) fonctionner avec un bout de cerveau en moins. Mais on était incapable de comprendre pourquoi. Partant d'un modèle hypothétique farfelu, Moniz donc, un neurologue portugais, mondain, politicien et poète, décide qu'en sectionnant le lobe préfrontal de ses patients, il va les guérir de la folie. Cela lui vaudra le prix Nobel de médecine. On va se mettre à pratiquer d'innombrables lobotomies partout, en France, en Europe, aux États-Unis. Toutes sortes de lobotomies. Pour certaines, on fait deux trous dans le crâne, on introduit un fin scalpel et on sépare les deux lobes préfrontaux du reste du cortex. Pour d'autres, on utilise plutôt une aiguille-mousse, que l'on enfonce par le trou susorbiculaire, en injectant de l'eau distillée sous pression pour dilacérer les fibres sans déchirer les neurones. Et que se passe-t-il ? Dans certains cas, cela provoque effectivement des changements comportementaux et psychologiques stupéfiants – au moins à court terme, souvent le trouble revient ensuite. Dans d'autres cas au contraire, le délabrement de la personnalité est définitif. Dans le meilleur des cas, on se retrouve avec des gens qui, certes, n'ont plus d'angoisses, mais c'est parce qu'ils n'anticipent plus rien. La mort ? Ils s'en fichent. Le passé ? Ils s'en fichent. Ils ne réagissent plus qu'au présent, mangeant, déféquant, dormant, ramenés à un stade de survie quasi végétatif. Les neurones préfrontaux, on l'a découvert plus tard, replacent le vécu de la personne dans un contexte temporel. Comme ils sont en relation avec les neurones du système limbique, ils associent les informations qu'ils traitent à la mémoire et aux émotions. Coupez cette relation, le sujet devient indifférent.

Ces lobotomies appartiennent au passé. Aujourd'hui, le Prix Nobel Moniz serait considéré comme un criminel. Mais la science avance de façon étrange : grâce au délire de ce médecin, le dogme a commencé à être ébranlé. Certains neurochirurgiens, les Pr Taillefer et David – chez qui j'ai travaillé – et d'autres, se sont dit : « On sectionne un bout de cerveau à ces gens et ils continuent à vivre. Pourquoi donc ne pas retirer un abcès, une poche de sang, une tumeur ? » On peut donc dire que la lobotomie a constitué le point de départ d'une spécialité magnifique : la neurochirurgie, dont les avancées sont aujourd'hui accompagnées par la neuro-imagerie et par les avancées prodigieuses de la neurobiologie. Autrement dit, un crime est à l'origine d'un changement de paradigme majeur concernant notre connaissance du cerveau.

Quand a-t-on arrêté de pratiquer la lobotomie ?

Les dernières auxquelles j'ai assisté ont été pratiquées à Paris, en 1968. Il semble qu'elles aient un peu continué à Bordeaux, jusqu'en 1971. Quand je suis devenu chef de service à Toulon, j'ai eu à suivre, jusqu'en 1975, des schizophrènes qu'on avait déjà soignés par lobotomie, mais cette pratique avait cessé.

On a souvent parlé de la pratique consistant à couper le corps calleux – qui relie les deux hémisphères –, donc à séparer le cerveau gauche du droit...

Cette lobotomie a toujours été illégale en France, mais elle a été beaucoup pratiquée aux États-Unis. Parfois avec grand succès, notamment sur des épileptiques graves, tellement atteints qu'ils sont en coma tout le temps. Quand on leur coupe le corps calleux, l'épilepsie disparaît et ils vivent, si ce n'est bien, infiniment mieux qu'avant. Certaines lobotomies peuvent donc être bénéfiques. C'est une intervention qui a quelque chose de très primaire. On perce des trous dans l'os du crâne à l'aide d'une chignole, on coupe, ou souffle de l'air pour faire sortir la tumeur ou le pus – aujourd'hui, le neurochirurgien est souvent assisté par un ingénieur. Mais quand on pense que l'on a retrouvé de très nombreuses traces de trépanations remontant au Paléolithique (le crâne conserve ensuite un gros bourrelet osseux), on se dit qu'il y a des secteurs où nous n'avons pas tellement progressé depuis la préhistoire ! Bien sûr, c'était alors pratiqué par des chamanes, pour qui médecine, magie, religion se mélangeaient. Mais plus près de nous, en Italie, j'ai vu le crâne d'un aristocrate du XVIIIe siècle qui avait subi une très grosse trépanation : pour atténuer ses terribles céphalées et probablement un délire paranoïaque, on avait dû lui laisser le crâne ouvert, avec le cerveau qui battait à l'air libre !

Où en sommes-nous aujourd'hui ?

En France, on compte environ mille lobotomies par an… provoquées par les accidents de voiture et plus encore de moto et scooter – ce chiffre était au moins deux fois supérieur avant que la prévention routière n'impose les réductions de vitesse. Dans le cas type, le choc frontal provoque une lobotomie quasi parfaite. Et maintenant, grâce aux scanners, on voit clairement ce qui se passe. Les hématomes peuvent se résorber sans trop détruire le cerveau, mais souvent, une partie centrale ne se remet pas, par exemple les deux petites amygdales du rhinencéphale, l'anneau qui est à la base du cerveau. Vous avez là un maillage très dense de tout petits vaisseaux, que l'accident fait exploser, détruisant irrémédiablement les amygdales. Or celles-ci constituent le socle neurologique de l'émotion, de la rage, de la peur, des émotions intenses. Ces accidentés survivent donc, mais plus rien ne les touche. À la différence des lobotomisés préfrontaux, ils peuvent voyager mentalement dans le passé et l'avenir, mais sans émotion non plus : plus de peur, plus de joie, plus de contrariété, et certains vous disent : « Je regrette l'époque où je souffrais. Au moins, je me sentais vivant. »

On se retrouve donc face à deux problèmes : un problème scientifique et un problème philosophique. Le premier consiste à se demander comment un trouble psychiatrique grave, par exemple une névrose obsessionnelle (le malade ne pense plus qu'à ranger, ou à se laver, il ne peut plus rien faire d'autre), comment une pathologie aussi invalidante peut être, au moins momentanément, supprimée par une lobotomie préfrontale, c'est-à-dire une dilacération des fibres de l'avant du cortex. Le problème philosophique, lui, n'est rien de moins que celui de la souffrance dans la condition humaine : un homme n'éprouvant plus aucune souffrance serait-il heureux ? Il semblerait que non. Ce qui remet beaucoup de choses en cause, surtout dans notre société, où l'on nous dit en permanence : « Nous allons supprimer la souffrance et tout sera réglé. » Or ce n'est pas si sûr…

Dire que la souffrance aide à vivre serait politiquement très incorrect.

Et pourtant, tous ceux qui font du sport prouvent qu'une certaine souffrance apporte du bonheur. Je connais bien les rugbymen, c'est le sport que j'ai le plus pratiqué. À cinquante ans, ces hommes-là ont des arthroses, des lombalgies, ils sont complètement esquintés, mais quand vous leur parlez de rugby, ils sont fous de bonheur. Même chose pour les adolescents qui prennent des risques et cherchent à se battre. Leur point commun : ils érotisent la peur. Sans elle, leur vie n'aurait pas de sens. Pourquoi ? Comment ? Celui qui a apporté les premières réponses est un neurologue nommé Sigmund Freud. Il avait fait le voyage de Vienne à Paris pour étudier chez la star des premiers neurologues, le Dr Charcot, qui travaillait à la Pitié-Salpêtrière, et en était reparti avec des intuitions qui allaient donner naissance à la psychanalyse. Notons que Jacques Lacan, plus tard, a commencé lui aussi comme neurologue. Dans les deux cas, la question de savoir comment un trouble neurologique peut induire un comportement pathologique – et inversement, quels effets neurologiques peut avoir une psychothérapie – a été finalement évacuée par les inventeurs de la psychanalyse.

Ne les suivons pas sur cette piste et restons focalisés sur le cerveau. Pour soigner certaines pathologies très graves, on serait allé, aux États-Unis, jusqu'à retirer la moitié du cerveau, et le patient se porterait bien ! Comment est-ce possible ?

Cela s'appelle une « hémisphérectomie ». De fait, on peut vivre avec un seul hémisphère. Par exemple, dans certains cas d'épilepsie aiguë, qui provoque une sorte de court-circuit entre les deux demi-cerveaux, la personne est dans le coma tout le temps, parce que l'une des moitiés de son cerveau ne fonctionne que pour déclencher une crise. On résout le problème en supprimant cet hémisphère perturbateur. Tous les mammifères ne spécialisent pas leurs hémisphères cérébraux, alors que, chez les humains, un hémisphère ne vaut pas l'autre : très schématiquement, le demi-cerveau gauche est plutôt spécialisé dans le langage (chez les droitiers) et le droit dans le traitement des informations émotionnelles diffuses.

Pourquoi cette spécialisation ? On ne sait pas bien. Elle est en tout cas plus forte chez les hommes que chez les femmes, qui sont nettement plus ambidextres qu'eux. Et 1 % seulement des hommes sont gauchers, contre 10 % des femmes. Comme quoi, contrairement à ce que certaines idéologies prétendent, le cerveau est bel et bien sexué.

Sexué... et beaucoup plus plastique qu'on ne le soupçonnait. Que dites-vous de l'invention de l'Américain Paul Bach-y-Rita, qui fait voir des aveugles de naissance en stimulant leur sens tactile ?

Quand je travaillais chez le Pr David, on parlait de deux médecins chercheurs courageux, Henri Hécaen et Julian de Ajuriaguerra, qui annonçaient l'invention d'une nouvelle discipline : la neuropsychologie. Cela faisait hurler de rire les pontes de la psychanalyse, qui trouvaient ridicule de prétendre déceler des changements dans le cerveau suite à une psychothérapie. Un demi-siècle plus tard, le ridicule a changé de camp. Je me souviens que Hécaen avait rassemblé douze cas de très jeunes enfants tombés par la fenêtre ou victimes d'un accident de voiture, qui avaient eu le lobe temporal gauche arraché, ou sévèrement amputé, avant de savoir parler, donc avant le vingtième mois. Or tous ces enfants avaient connu un apprentissage du langage normal, ce qui était supposé impossible, car le lobe temporal gauche contient l'aire de Broca, socle neurologique de la parole. Quand un adulte a cette zone altérée, il ne peut plus fabriquer ses mots. Les jeunes enfants, eux, ont un cortex hyper-plastique. Si les douze cas de

Hécaen avaient appris à parler malgré tout, c'est qu'une autre partie de leur cerveau était devenue « zone de langage » – en l'occurrence, une partie postérieure, vers la zone pariéto-occipitale gauche. Ces découvertes ont été publiées en 1968, mais elles étaient tellement d'avant-garde que la Faculté n'en a pas tenu compte. À cette époque, on ne faisait pas de scanner du cerveau, mais des échographies, ou des artériographies, ou encore des encéphalographies gazeuses, qui nous permettaient tout de même de voir à l'intérieur de la boîte crânienne. Et les constatations de ces pionniers de la neuropsychologie étaient avérées. Mais c'est ainsi : les précurseurs arrivent généralement trop tôt et on les fait taire.

Aujourd'hui, nos images du cerveau sont infiniment plus belles et performantes et on peut démontrer la plasticité de façon désormais incontestable. Le remplacement d'une zone corticale par une autre ne va évidemment pas de soi. Elle coûte cher au cerveau en termes de rendement. On constate par exemple que les aveugles consacrent une énorme partie de leur lobe occipital à traiter des images qu'ils ont du mal à voir – ou qu'ils ne voient pas du tout. Plus vos yeux sont performants, plus la zone cérébrale qui fonctionne est petite, se limitant à ce qu'on appelle l'« aire 19 », à la pointe des deux lobes occipitaux. Si vos zones corticales sont petites, c'est la preuve que votre cerveau a un bon rendement ; il a été bien pétri par le milieu : une minuscule stimulation visuelle et il voit l'image, un rien de son et il entend le mot. Un aveugle a ses deux aires occipitales consacrées à dépenser beaucoup d'énergie pour arracher une vague forme, une ombre, mais quand on lui apprend le braille et qu'il se met à lire avec ses doigts, on voit son aire 19 s'allumer. Autrement dit, il palpe, mais c'est la zone visuelle de son cortex qui fonctionne et non la zone de la palpation, sur les aires pariétales. C'est ce que Daniel Stern appelle la « transmodalité », qui prouve non seulement la plasticité des neurones, mais la plasticité des circuits et des zones corticales entières. Cette plasticité opère dans les deux sens : dans le cas des enfants accidentés, la zone du langage étant endommagée, une autre zone a pris sa place ; dans le cas des aveugles, le sujet lit en braille avec ses doigts et c'est l'aire occipitale visuelle qui s'allume, comme s'il voyait vraiment.

Même chose avec l'aphasie optique, une lésion de la partie pariéto-occipitale droite qui fait que les gens ne peuvent voir et nommer ce qu'ils palpent. Vous demandez : « C'est long, c'est dur, c'est noir, qu'est-ce que c'est ? » la personne ne sait pas répondre. Vous lui dites de toucher, elle s'exclame : « C'est un stylo ! » Elle est obligée de palper pour que la convergence des informations produise l'image d'un stylo et le terme qui le désigne. On se trouve là typiquement dans une transmodalité.

Le cerveau est ainsi formidablement plastique. Non seulement ses neurones changent, mais les zones se déplacent et les circuits se sculptent. Les Américains parlent de « circuiterie », les Français de « canalisation ». Le jeune Freud en avait eu l'intuition, parlant du « frayage du cerveau par le milieu ».

On vous connaît d'abord pour le concept de résilience, qui fait qu'un être traumatisé, même fortement, a des chances de s'en sortir. Quel rapport avec la plasticité neuronale ?

La question se divise en trois. On peut en effet parler de « résilience neuronale », de « résilience psycho-affective » et de « résilience socioculturelle ». Aujourd'hui, il est question de « résilience neuronale ». Qu'est-ce qui m'a amené à elle dans mon cheminement ? Quand j'étais interne en neurologie, les atrophies cérébrales étaient une banalité. Mais quand je suis devenu psychiatre et que je me suis avisé d'user du même concept, tout le monde a éclaté de rire. Prétendre expliquer ainsi une psychopathologie paraissait ridicule. Aujourd'hui, c'est une information quasi banale. Je trouvais incroyable que l'on puisse contester des faits visibles à l'œil nu – sur des personnes mortes, que l'on autopsiait, mais aussi des patients vivants, sur qui nous pratiquions une encéphalographie gazeuse : on enlevait le liquide céphalorachidien et on mettait de l'air à la place, un bref instant, pour voir le blanc du cerveau en relief et repérer les trous, les hématomes, les zones déficitaires en neurones, en plaçant les gens la tête en bas. C'était une méthode assez agressive. Aujourd'hui, les scanners sont infiniment plus perfectionnés et inoffensifs – il m'est arrivé personnellement de m'y endormir ! Bref, les neurologues savaient bien que les neurones pouvaient manquer, mais les psychiatres ne l'admettaient pas. Pour ces derniers, le cerveau, dans sa boîte noire, ne pouvait en aucune façon être influencé par le monde extérieur. Et moi qui tentais de faire le lien entre ces deux mondes, j'étais à la recherche d'une explication pouvant servir de passerelle. L'explication est venue par Hubel et Wiesel.

Expliquez-nous l'objet des recherches de ces deux neurologues américains fameux, qui ont eu le prix Nobel de médecine en 1981, après trente ans de recherches sur l'aire visuelle du cerveau.

Ils mettaient un cache sur l'œil gauche des chatons et constataient, quand les chatons mouraient, qu'il y avait atrophie de la zone occipitale droite. Inversement, l'atrophie frappait la zone occipitale gauche quand c'était l'œil droit qui avait été empêché de fonctionner. L'atrophie était donc provoquée par l'absence de stimulation sensorielle périphérique. Cela nous paraît aujourd'hui évident. Il y a quarante ans, c'était impensable. Une stimulation extérieure modifiant l'intérieur du cerveau ? Impossible ! Encore une fois, dans la conception que nous avions alors, et qui imprègne encore toute une partie de notre vision du cerveau, ce dernier était formé une fois pour toutes. S'il s'abîmait, c'était fichu.

Nous disposions aussi des premiers travaux d'éthologie animale. Selon qu'il les exposait ou pas à la lumière du soleil, le comportementaliste canadien E. Paul Benoît montrait que ses canetons mâles avaient des testicules énormes ou minuscules. C'était la preuve expérimentale que l'insolation stimulait le cerveau, via les yeux, puisque c'est le diencéphale (une cupule à la base du cortex) qui émet les neurohormones de croissance des gonades.

Il y avait aussi l'expérience dite « de Gaspard Hauser » (du nom d'un célèbre et énigmatique enfant sauvage allemand du XIXe siècle). Un animal était mis dans une situation d'isolement sensoriel total. On constatait bien sûr de graves troubles du comportement, ce qui était prévisible. Ce qui l'était moins, pour mes confrères psy, c'est qu'à l'autopsie on constatait que son cerveau était atrophié. Par la suite, il m'est apparu que le même phénomène d'atrophie se produisait chez les humains. Placés en situation d'isolement et totalement privés d'affection, les orphelins que j'ai découverts en Roumanie – mais aussi en Colombie ou en France – présentaient des atrophies neuronales sévères. Une petite fille avait été ainsi isolée pendant des mois : sa mère la mettait dans une baignoire et disparaissait. La gamine n'était pas morte, mais elle avait été « élevée » dans un milieu neutre, blanc, minéral. La mère d'un autre enfant l'enfermait dans un placard et disparaissait elle aussi. Lui avait grandi dans un univers complètement noir. Lorsqu'on a pu faire des scanners à certains de ces enfants, les images montraient toujours d'importantes atrophies frontales et limbiques. L'équivalent d'une lobotomie. Tous ceux dont je me suis occupé étaient devenus pseudo-autistes. Le contresens de beaucoup de confrères (c'était il y a vingt ans à peine) était celui-ci : « C'est parce qu'ils avaient une malformation cérébrale que leurs parents les ont abandonnés. » Les gens disaient souvent ça pour se déculpabiliser. Mais nous démontrions que c'était précisément le contraire : une atrophie fronto-limbique était apparue *parce qu'ils étaient en carence affective.*

Lorsqu'un enfant est privé de sécurité, il interprète toute information comme une alerte. Il a peur de tout. Une information qu'un bébé sécurisé trouvera amusante et ira explorer (mettant ses doigts dans tous les trous, pour se construire une expérience) provoquera chez l'enfant insécurisé une hyper-sécrétion de cortisol plasmatique. Un flash de cortisol a un effet euphorisant (quand vous pratiquez un sport très « physique », par exemple), qui vous donne la sensation de vivre. Par contre, une sécrétion chronique de la même hormone fait que vous avez peur de tout et cela finit par détruire vos cellules, en provoquant un œdème des cellules rhinencéphaliques. Leurs parois gonflent, les canaux ionophores se dilatent, le gradient sodium/potassium se dégrade, le calcium entre dans la cellule et la fait éclater.

Cette constatation a été le point de départ de nombreuses recherches sur la résilience neuronale. Non seulement nous prouvions que l'absence de stimulations provoquait un déficit neuronal, mais des chercheurs comme Hervé Allain, qui enseignait la neuroradiologie à Caen, ont montré, images à l'appui, cette chose absolument fantastique : après une année passée dans une famille d'accueil, sous l'effet d'une vie normale, où on leur parlait, les touchait, leur témoignait de l'affection, les orphelins voyaient leur cerveau se modifier ! Certains ont dit : « Leur cortex s'est regonflé. » C'était une façon familière de dire que l'atrophie cérébrale avait disparu.

Il s'agit de faits désormais établis. Les neurobiologistes et les radiologues qui travaillent avec nous, de Lionel Naccache à Pierre Bustany, en passant par Marc Bourgeois, sont d'accord : cette atrophie des orphelins mis en isolation sensorielle, comme leur résilience ultérieure, sont des preuves patentes de la plasticité neuronale et corticale.

Voulez-vous dire que quand un de ces enfants hypertraumatisés trouve finalement un soutien (ce que vous appelez un « tuteur de résilience »), ses neurones manquants se mettent à... repousser ?

Vous ne croyez pas si bien dire. À la base du cerveau, sur la partie inférieure du système limbique, en arrière et en dessous de l'amygdale, on a découvert une zone de neurogenèse qui continue à fabriquer des neurones jusqu'au bout de la vie, même chez les personnes âgées et même chez ceux qui sont atteints de la maladie d'Alzheimer ! Découvrir que des neurones pouvaient repousser a bien sûr constitué une révolution considérable, qui a renforcé de façon appréciable le concept de résilience neuronale.

Le plus important n'est cependant pas que des neurones puissent repousser, mais qu'ils s'interconnectent. Un neurone isolé ne sert à rien. L'intelligence, la sensibilité, l'empathie, toutes les fonctions psychiques dépendent du degré d'interconnexion et de vivacité des neurones. Un champ de neurones ressemble à un champ de blé. La tige du neurone, c'est l'axone, et les multiples jaillissements de l'épi, ce sont les dendrites. Si personne ne vous parle ni ne joue avec vous, si rien ne vous stimule, vos dendrites se couchent, tel un champ de blé qui ne serait pas arrosé. À l'inverse, il suffit de vous parler, de vous énerver, de rire et d'entrer en relation avec vous pour que les dendrites de vos neurones se redressent et partent à la recherche de nouvelles connexions. Voilà exactement ce qui se passe quand le processus de résilience se produit dans le cerveau d'un enfant qu'un nouveau milieu accueille.

Quel rapport entre cette résilience neuronale et ce que vous appelez les résiliences « psycho-affective » et « socioculturelle » ?

Tout cerveau humain fonctionne en interaction avec une famille et une culture. Les différentes résiliences fonctionnent comme un tout. Les distinguer ne sert qu'à mieux comprendre le processus.

Ce que vous avez dit dès Les Nourritures affectives, *c'est que dans la résilience, il y a généralement une rencontre : quelqu'un regarde l'enfant abandonné et le reconnaît. À partir de là, une volonté de vivre peut renaître.*

Tout à fait. La volonté de vivre émerge de l'empreinte d'une relation avec quelqu'un. Dans les orphelinats, la plupart des enfants ont longtemps été psychiquement massacrés. Ce n'est heureusement plus vrai aujourd'hui. Notre société a fait énormément de progrès en la matière, grâce à des contestataires comme Michel Duyme, Annick Dumaret, les Orphelins d'Auteuil, etc. Après la guerre, les associations juives d'accueil des enfants déportés survivants avaient tendance à dire : « Ces malheureux sont foutus. » Ils étaient gravement blessés, mais pas « foutus ». Prétendre cela était hélas impensable dans les années 1950. Attention, on m'a fait dire des choses que je ne pense pas : « La résilience guérit de tout » ou bien : « La résilience consiste à oublier ». Surtout pas ! On ne peut pas oublier. Essayons d'être objectifs : si on ne s'occupe pas d'une population d'enfants abandonnés, on aura 80 % de destins détruits ; si on s'en occupe, on aura certes 30 % d'échecs, mais 70 % de cas résilients. Il faut bien sûr s'intéresser à ceux qui ne s'en sortent pas, mais aussi à ceux qui s'en sortent parce que, comme dit Michael Rutter, ces enfants ont quelque chose à nous apprendre pour mieux aider ceux qui ne s'en sortent pas. C'est le principe thérapeutique de la résilience. On s'aperçoit que les enfants qui gardent la rage de vivre sont ceux qui, avant le fracas, avaient été sécurisés par l'affectivité. Daniel Stern et les autres thérapeutes avec qui je travaille constatent comme moi que quand les interactions précoces – de la fin de la grossesse aux premiers mois de la vie – ont été ratées, du fait d'un gros stress de la mère ou, pire, à cause d'un isolement sensoriel, la résilience n'est pas évidente. Elle est possible, mais il va falloir travailler des années durant pour obtenir un résultat. Alors que quand les enfants ont été imprégnés biologiquement, au sens éthologique, à la fin de grossesse et pendant les tout premiers mois, le processus peut se mettre en place beaucoup plus facilement.

Shaul Harel, à Tel-Aviv, a suivi cent soixante-dix femmes enceintes souffrant de syndrome psychotraumatique à cause d'un attentat. Leurs enfants sont nés deux fois plus petits que la moyenne et leurs cerveaux étaient de 24 % inférieurs. La neuro-imagerie de ces bébés montrait des atrophies fronto-limbiques. Harel a donc trouvé dans les dernières semaines de la grossesse, où la mère avait été stressée, exactement ce que nous avions constaté après la naissance. Et il a établi que si l'on redonnait à ces enfants une base de sécurité, soit parce que la mère allait mieux, soit parce que des professionnels leur organisaient une enveloppe sensorielle sécurisante, arrivés à l'âge de neuf ans, ils avaient pratiquement rattrapé la population générale. Ils ne retrouveraient jamais leur potentiel de départ, mais ils pouvaient vivre. La population moyenne des enfants adoptés ne rattrape jamais la population moyenne des enfants non adoptés. C'est un « néo-développement ». Sur le plan neurologique, la résilience est un néo-développement qui donne au cerveau des aptitudes particulières, que n'a pas quelqu'un d'autre : les aveugles de naissance apprennent à voir avec leurs doigts, ce n'est pas normal, mais ça permet de vivre et de connaître un bonheur.

Certains cerveaux acquièrent une sensibilité particulière qui leur permet de traiter des sons, des images. La résilience psycho-affective fait que certains enfants deviennent attentifs aux signes émis par le corps de l'autre. J'avais une petite patiente dont le père était alcoolique. Quand son père n'avait pas bu, c'était un homme très gentil, chaleureux et gai, et la petite fille l'aimait beaucoup. Mais quand il avait bu, il cassait tout et terrorisait tout le monde. La petite fille avait donc acquis un attachement ambivalent : « Je l'aime et de temps en temps, j'ai envie de le tuer. Au bruit que fait la clef dans la serrure, je sais si je peux me jeter dans ses bras ou s'il faut d'urgence me cacher. » Elle avait développé une ultrasensibilité au bruit de la clef dans la serrure. Le cerveau peut ainsi acquérir des attitudes spéciales, et on peut donc, là aussi, parler de « résilience ».

Parlant de Freud, vous disiez qu'au départ, en tant que neurologue, il voyait très bien les liens entre psyché et cerveau. Puis ces deux instances ont nourri des professions divergentes, voire opposées et conflictuelles : psychanalyse et psychothérapie d'un côté, neurologie et neuropsychiatrie de l'autre. Les développements récents en neuropsychologie, confortés par les nouvelles techniques d'imagerie, ne peuvent-ils pas réconcilier les deux branches ennemies ?

Je l'espère. Après mes études, on m'a demandé de choisir mon camp, comme si c'était une guerre. Jean-Didier Vincent a une jolie formule : « On nous a obligés à choisir entre la pharmacie et le divan. » La pharmacie : vous avalez des pilules et tout est réglé, ce qui est absurde. Le divan : seule la parole compte, le reste n'existe pas, ce qui est aussi absurde. Ce non-sens a empoisonné une grande partie de ma carrière. C'est un choix dogmatique, donc facile, une pensée paresseuse, qui ne vous donne que la moitié d'un savoir, mais vous permet d'asseoir un pouvoir : vous finissez par être hyper-compétent en neurobiologie ou, si vous choisissez la voie de la psychanalyse, vous aurez des responsabilités dans un milieu très structuré. Dans les deux cas, on remplira votre cabinet, on vous donnera des postes à l'université, vous ferez carrière. Le morcellement du savoir mène au dogme, le dogme mène au pouvoir et tout le monde est complice. Mais si vous voulez *vraiment* explorer le monde, c'est autre chose. Impossible de morceler le savoir. Il vous faut mettre votre nez partout où il y a quelque chose à comprendre. Et éventuellement vous attaquer au dogme, quand le barrage qu'il oppose aux nouvelles découvertes devient trop paralysant, trop bête.

Vous faites donc partie de ceux qui, à cheval « entre la pharmacie et le divan », ont dû s'attaquer au dogme du cerveau figé dans sa boîte noire. Nous savons désormais que le système nerveux central, fondement de notre humanité, demeure plastique et vivant de la naissance à la mort. Il y a tout de même des étapes décisives après la naissance, non ?

Dans les premiers mois de la vie, la neurogenèse bouillonne. La moindre information sensorielle provenant du milieu « fraye un canal », comme disait Freud, dans la jungle encore quasiment vierge des neurones. Les neurones lancent leurs dendrites à la recherche de leurs semblables. Le maillage commence, entre des dizaines de milliards de cellules, ouvrant un nombre incalculable de pistes. Le psychanalyste René Roussillon, qui travaille avec nous, dit : « Dans le cerveau du nouveau-né, une nouvelle information qui se fraye une voie ressemble presque à un trauma. » Au début, ce frayage absorbe une énergie folle. Mais lorsque la même information survient une deuxième fois, elle prend beaucoup plus facilement le canal déjà ébauché. Ensuite, ça va à toute allure. Et ce bourgeonnement ne cesse pas, il est permanent toute notre vie durant.

Bien sûr, au début de l'existence d'un être, le traçage de ses voies neuronales est d'une intensité qu'il ne retrouvera jamais. Un poussin, un chiot, un bébé humain peuvent tous apprendre à une vitesse folle. Mais chez les animaux, cela n'a lieu qu'une seule fois ; c'est une période critique, déterminée par la synthèse de l'acétylcholine, où l'on assiste à un phénomène d'hyper-mémoire biologique. Alors que chez les humains, il y a en gros quatre périodes sensibles.

La première correspond au bouillonnement synaptique des premières années, avec l'intégration du langage. Tout enfant, quel que soit son milieu, apprend sa langue maternelle en dix mois : trois mille mots, plus les règles de grammaire, plus l'accent. Essayez de renouveler cela, sans école ni livres, en dix mois ! C'est d'une intensité inimaginable. Le frayage neuronal est alors à son comble. On ne le retrouvera jamais aussi fort.

La deuxième période sensible se retrouve par contre tout au long de la vie, de la naissance à la mort : chaque fois que l'on connaît de très fortes émotions, agréables ou désagréables, positives ou négatives. L'hyper-émotion suscite en effet une hyper-mémoire. Elle est donc sous-tendue, au niveau neuronal, par un bourgeonnement particulièrement intense.

La troisième période sensible est une dérivée de la deuxième, mais elle ne se renouvelle quasiment pas : c'est le premier grand amour, émotion forte s'il en est. On rêve de lui ou d'elle, on ne pense qu'à ça, on est totalement imprégné de ce sentiment, et les pistes neuronales correspondantes se gravent de façon profonde et indélébile.

La quatrième période sensible couvre toute l'adolescence et ses multiples découvertes, bonheurs et contrariétés. Là, on assiste plutôt à un élagage synaptique, comme tout à l'heure, quand à propos du lobe occipital des aveugles nous disions qu'un cerveau qui fonctionne bien, à l'économie, n'utilise que des zones restreintes et bien focalisées. Ce « resserrage de boulons », ou plutôt de synapses, a précisément lieu pendant l'adolescence.

Les animaux ne connaissent pas toutes ces périodes critiques de l'existence. Ils ont donc moins d'occasions de souffrir, mais aussi moins de possibilités d'enclencher un processus de résilience. Ce qui est partiellement raté dans la petite enfance d'un humain peut être rattrapé plus tard. Ce ne sera pas le développement neuronal normal, mais un développement viable, ou presque : rappelons-nous que les enfants qui ont subi des traumatismes insidieux au cours des interactions précoces donnent une population d'adolescents qui connaît quatre fois plus de dépressions et de tentatives de suicide que la moyenne…

Mais contrairement à ce que s'imaginent les médias, qui focalisent leurs lecteurs sur les faits divers, la vraie maltraitance se situe ailleurs. Ce qui fait littéralement éclater les neurones des enfants malheureux, c'est bien plus souvent l'insidieuse répétition de la négligence affective que l'agression explicite. Marceline Gabel a fait un travail sur le sujet. Qui sont les enfants traumatisés ? Quand on lit la presse, 83 % des enfants traumatisés sont agressés sexuellement, alors que dans le réel, cela ne représente que 0,2 % des cas (10 % pour les adolescentes). Dans la réalité, ce qui abîme le plus souvent le développement d'un enfant, c'est la négligence affective quotidienne. Elle fait des ravages, mais elle est lente, très lente, et délicate à observer. C'est très difficile de retirer un enfant à sa famille pour « négligence affective ». On ne voit quasiment rien, on n'a pas de preuves, il n'y a rien qui « dépasse ». L'enfant n'est pas maltraité, ni agressé. Sauf qu'il n'y a personne autour de lui, c'est le désert. On vous dit : « Sa mère est gentille, sauf qu'elle n'est pas là », « Son père est un brave type, sauf qu'il n'est jamais là », « L'enfant, oui, il est en bonne santé et mignon, sauf qu'il est tout seul toute la journée ». Cela constitue l'immense majorité des traumatismes d'enfants. On n'en parle pour ainsi dire jamais dans la presse, parce que ce n'est pas un événement croustillant. Tandis qu'une agression sexuelle, ça c'est romanesque !

Nous en arrivons à l'autre grande partie de ce que nous apprennent les spécialistes du cerveau aujourd'hui, à savoir que le cerveau est « neurosocial ». Depuis la découverte des neurones miroirs et des neurones en fuseau, les journalistes scientifiques américains disent que notre cerveau fonctionne « en wifi »[1] *: si je discute et que je m'entends bien avec quelqu'un, les mêmes zones s'allumeront dans nos deux cerveaux ; et de même, semble-t-il, si nous nous disputons et nous haïssons. Pour vous, toutes ces découvertes n'ont-elles fait que confirmer des choses que vous sentiez déjà ?*

Nous avions en effet décrit beaucoup de ces processus, mais avec infiniment moins de précision qu'avec les capteurs techniques d'aujourd'hui. Nous avions vu et même photographié les atrophies cérébrales, mais l'imagerie des neurobiologistes est devenue stupéfiante. Pour ce qui est des neurones miroirs, il est certain qu'un cerveau seul, même sain, ne fonctionne pas. Il lui faut au moins un autre cerveau pour se développer.

---

1. Nous reviendrons dans la deuxième partie sur ces notions.

Entretien avec Boris Cyrulnik

On vous a vu participer à des conférences sur les neurones miroirs. Quelle histoire stupéfiante ! Tout a démarré à Parme, en 1996, dans le laboratoire de neurophysiologie du Pr Giacomo Rizzolatti...

Quand Rizzolatti a découvert le principe des neurones miroirs, il cherchait autre chose – un peu comme Christophe Colomb découvrant les Amériques alors qu'il était parti en quête de la route des Indes. En médecine, c'est très souvent le cas. Un jour, Rizzolatti met des casques à résonance magnétique à ses singes, des macaques. À un moment donné, il fait une pause et va manger avec les techniciens du labo. Le macaque est là, qui les regarde, avec son casque sur la tête. Les humains ont devant eux un plateau de sandwichs. Rizzolatti tend la main vers un sandwich, quand il entend le cerveau du singe, qui le lorgne attentivement, se mettre à crépiter dans l'amplificateur. Intrigué, le chercheur arrête son geste. Puis il tend à nouveau la main vers le sandwich. Une nouvelle fois le cerveau du singe crépite. Comme si le geste de l'humain faisait fonctionner le cerveau du macaque. Du coup, Rizzolatti se lève et va regarder ce que lui dit l'IRM. Et il voit ceci : sur l'image que lui envoie la machine à résonance magnétique, c'est la zone F5 du cerveau du singe qui s'allume, le pied de la frontale ascendante, celle qui correspond au geste de lever la main droite. Autrement dit le singe, bien qu'il soit immobile, envoie de l'énergie à son cerveau *comme si c'était lui-même* qui levait la main droite pour se saisir du sandwich.

Le spectacle des humains lui donne tout simplement faim...

Oui, mais ce n'est pas la zone correspondant à la faim qui s'allume, c'est celle de sa main. Le singe se met donc à la place de l'humain, et se prépare biologiquement et neurologiquement à faire le même geste que lui, parce que prendre un sandwich est un geste signifiant dans son monde de singe. Si Rizzolatti avait allumé un cigare ou pris un stylo, la zone F5 du macaque n'aurait pas crépité.

Il y a d'autres zones cérébrales qui se mettent à résonner au signal d'identification, notamment dans le système limbique qui réagit, par exemple, si vous avez un geste dédaigneux ou méprisant. Le singe, ou même le chien, le sent et, aussitôt, cette zone s'allume et l'animal se soumet à son maître, surtout quand il a appris à décoder vos mimiques et vos bruits. C'est une zone cérébrale spécifique, qui répond à l'expression du maître.

Bref, tendre la main vers un objet signifiant pour le singe génère dans le cerveau de celui-ci une préparation neurologique à faire le même geste, parce que l'objet désigné par le geste l'intéresse. Si l'humain prend un stylo, ça ne crépite pas, s'il tend la main vers une banane, ça crépite. C'est probablement pour cette même raison que nous, humains, parlons. Un enfant seul ne parle pas. Même si neurologiquement, génétiquement, il dispose de tout ce qu'il faut pour parler, s'il n'y a personne d'autre qui parle autour de lui, il ne parlera pas. Les cerveaux humains produisent des mots autour de l'enfant qui, petit à petit, est stimulé par ces mots. Jusqu'au jour où, vers l'âge de dix ou douze mois, il pointera le doigt vers un objet signifiant, comme le singe de Rizzolatti. L'enfant pointe le doigt vers un objet signifiant, il interpelle la « figure d'attachement » (sa mère, son père, la personne qui s'occupe de lui), qui est sa base de sécurité. Il tente l'aventure de la parole pour que l'autre agisse sur l'objet signifiant. Nous, êtres humains, fonctionnons dès cet âge sur le mode de ce qu'on appelle la « tiercéisation » : nous interpellons quelqu'un pour qu'il agisse sur cet objet que nous sommes encore trop petits pour attraper, mais que nous désignons. Tous les bébés pointent, contents de partager leur cerveau avec celui de la personne référente. Le père, la mère prend le bébé dans les bras, aussitôt le bébé désigne quelque chose. Le parent reformule : « Ah oui, tu veux la poupée, un bonbon, mais non, tu en as déjà eu un... » Et hop ! l'enfant se retrouve dans ce que Françoise Dolto appelait un « bain de langage », où il associe très vite : chaque fois que je fais tel geste, il lit « poupée », « bonbon » ou l'objet que mon geste désigne. Une préparation linguistique se met en place, bien avant la parole.

Ce stade, dites-vous, est très important...

C'est la préparation au signe linguistique. C'est un geste désignatif. On sait qu'un enfant qui ne désigne pas par l'index à partir de quatorze mois risque d'avoir des problèmes de langage. Il n'a pas intégré le « coup linguistique » de la désignation. Il faut s'en inquiéter. Les psychologues, les pédiatres doivent apprendre cela. C'est un dépistage précoce des troubles du langage. Ensuite, vers le dix-huitième mois, il y aura un silence interactif. Au dix-huitième, vingtième mois, l'enfant arrête de montrer, il y a une sorte de sidération comportementale parce que l'enfant regarde parler les figures d'attachement et pense probablement : « Attention, là il y a des sonorités qui sont plus que des sonorités. Ce ne sont pas que des bruits. » Des sonorités qui désignent quelque chose qui n'est pas là. Et là, pendant ces deux mois, le bébé est interloqué, jusqu'au moment de l'explosion du langage, entre le vingtième et le trentième mois. Ce raisonnement permet de dire qu'il faut deux cerveaux, interagissant, grâce probablement aux neurones miroirs, à l'impossibilité de ne pas imiter de l'enfant. L'enfant ne peut pas ne pas imiter. Vous souriez, il sourit. Ça permet de dire qu'il faut deux cerveaux pour que l'enfant apprenne à parler, deux cerveaux qui fonctionnent ensemble en système de résonance, pour que l'enfant se prépare au langage.

Dans plusieurs de vos livres – je pense à De chair et d'âme, Autobiographie d'un épouvantail, *ou* Mourir de dire : la honte[1] –, *vous dites qu'une psyché peut se structurer, ou se déstructurer, autour d'un seul mot. Vous citez l'exemple du père résistant qui finalement s'avère avoir été collabo. Le mot « résistant » a construit le gosse, qui apprend, beaucoup plus tard, qu'en fait le résistant était un collabo, donc il s'effondre. Autrement dit, le pouvoir de nos mots sur nos réseaux neuronaux est colossal !*

Les mots ont un effet de résonance. Prenons un exemple plus anodin : des skieurs à leur entraînement.

1. Odile Jacob, respectivement 2008 et 2010.

Avant de partir, ils visualisent la descente et se la décrivent dans la tête : « Là, ça tourne. Après, il y a une bosse. Ensuite, je fonce… » Et quand on leur branche des capteurs sur la tête pendant qu'ils font cet exercice, leur visualisation peut être repérée par la caméra magnétique et on voit qu'elle provoque des réponses de la part des réseaux neuronaux, ce qu'on appelle des « préparations biologiques à l'action ». Autrement dit, une visualisation provoque des modifications précises de fuseaux neuronaux qui envoient des informations dans le corps, dans les jambes ou ailleurs. Une représentation mentale peut modifier notre corps. Le skieur se prépare biologiquement à sa descente, physiquement, psychologiquement, en imaginant qu'il va descendre, et c'est probablement pour ça que la psychothérapie est nécessaire et souvent efficace. Quand ils sont seuls, les gens ont tendance à ruminer : « Oh, j'ai dit ceci, je n'aurais pas dû. Mon père a dit cela, je ne m'en sortirai jamais, je lui en veux », etc. Seuls, nous aggravons les processus négatifs. Le fait d'avoir à nous décentrer de nous-mêmes pour communiquer par des mots, donc agir sur le monde d'un autre, fait que la psychothérapie, quelle qu'elle soit, modifie notre maillage neuronal, donc nos pensées, croyances, attitudes, comportements. Quand je me confie à un(e) psychothérapeute, que je lui dis des choses que je ne dis à personne d'autre, si l'on me mettait des capteurs sur le crâne ou que l'on me scannait par résonance magnétique à ce moment-là, comme on l'a fait pour les skieurs, on verrait probablement la partie supérieure de mon aire cingulaire antérieure s'allumer : celle qui s'allume quand je suis en état de bien-être. Ce qui explique que tant de gens se sentent bien après une séance de psychothérapie.

Selon le psychologue Daniel Goleman, des chercheurs américains ont mis des casques sur des patients et des psychothérapeutes et, quand ça se passe bien, ils ont observé que ce sont les mêmes zones de leurs cerveaux qui s'allument et se mettent en résonance.

Je suis prêt à le croire. C'est l'aspect neuronal du transfert et du contre-transfert. J'ai connu des patients avec qui je me sentais vraiment bien. J'avais choisi ce métier, j'avais envie de les aider, ils jouaient le jeu et je sentais en effet une résonance entre nous. Je pensais : « Ce qu'il dit m'évoque quelque chose que je peux comprendre, pour des raisons personnelles ou de formation. » À la fin de la séance ils se sentaient mieux et moi aussi. Par contre, il y avait des patients avec qui je finissais l'entretien épuisé ! Je cherchais à les aider, ils ne répondaient pas, ou de manière agressive. Peut-être était-ce mon empathie qui leur donnait le pouvoir de me blesser. Si j'avais été pervers, je me serais dit : « Ils souffrent, c'est leur problème, qu'ils se débrouillent. Moi, ce que j'attends, c'est la fin de l'entretien pour prélever mes honoraires ! »

Pour en revenir aux découvertes sur le cerveau, peuvent-elles déboucher sur de meilleures façons d'élever les enfants ?

Que vous dire ? De façon générale, on se rend compte que dans les pays où l'on ne les frappe ni ne les gronde systématiquement, les enfants ne sont pas plus mauvais qu'ailleurs. Au contraire, les enfants non frappés deviennent plus intelligents et vivent plus heureux que les enfants brutalisés. Cela dit, des parents adorables peuvent avoir des enfants difficiles, parce qu'il y a eu des mauvaises rencontres, ou parce que la fratrie ne fonctionne pas. Il y a des fratries où tous les enfants se développent en même temps et d'autres où l'un écrase l'autre. Il faut donc s'entraîner à raisonner en termes de système et non plus de « une cause provoque un effet ». Conclusion pratique : les règles s'imposant à l'adolescent doivent venir de quelqu'un d'extérieur à la famille – car l'adolescence est justement le moment où l'on doit quitter sa famille, tenter l'aventure sociale et l'aventure sexuelle. Si la société ne propose pas de structures, d'institutions intermédiaires entre la famille et la culture, l'adolescent va être en difficulté. Et ce ne sera pas à cause de la famille, mais d'une défaillance de l'organisation sociale tout entière, qui n'offre pas de possibilité de résilience socioculturelle.

À quoi cela correspond-il dans le fonctionnement du cerveau ? Plus les chercheurs avancent, plus on s'aperçoit qu'il n'y a pas grand-chose de « câblé » dans nos organismes. Aujourd'hui, l'épigénétique nous dit que même nos gènes ne déterminent que très partiellement ce que nous sommes, car ces gènes s'expriment… ou ne s'expriment pas en fonction de leur environnement, au sein duquel interviennent d'innombrables facteurs. On prétend régulièrement avoir trouvé *la* cause de la schizophrénie, ou bien *la* cause du mauvais fonctionnement du gouvernement, ou encore *la* cause du réchauffement climatique, etc., alors qu'il y a mille causes, qui convergent ou qui ne convergent pas. La croyance dans un déterminisme exclusif a fait, par exemple, que pendant très longtemps, on a pensé que les bons résultats scolaires étaient une preuve d'intelligence. Aujourd'hui, on sait que les enfants qui ont de bons résultats scolaires sont, en moyenne, ceux qui sont sécurisés et routiniers. Si vous avez une famille sécurisante et que vous aimez la routine, vous réussirez vos examens, vous aurez le bac, vous irez à la fac, peut-être dans une grande école, et vous deviendrez prof d'université ! Alors qu'il y a mille autres formes d'intelligence. On peut faire de mauvaises performances à une époque, dans un certain environnement, et des performances excellentes à un autre moment, ailleurs. On était malheureux, nos parents étaient immigrés, pauvres, malades, on était mauvais à l'école, on nous a chassés du système, et puis dix ou quinze ans plus tard, on trouve un copain, une femme, un métier qui nous plaît et nous sécurise, et voilà que l'on fait d'excellentes performances. Edgar Morin, qui était dans le même lycée que moi, m'a raconté combien il avait eu horreur de l'école. Son père l'amenait jusqu'à l'entrée du lycée et le poussait à l'intérieur, l'empêchant de s'enfuir ! Il avait horreur de l'école et s'y ennuyait mortellement. Il a découvert le plaisir de réfléchir plus tard, pendant la guerre, avec Robert Antelme et Marguerite Duras. Une rencontre, le plaisir de lire, et il est devenu l'un des hommes les plus intelligents de notre culture.

Le cyber-monde, dans lequel nous avons désormais presque tous basculé, avec son hyper-communication à distance, ne risque-t-il pas de bloquer l'épanouissement des intelligences et des sensibilités ?

On a montré, il y a vingt ans, que sur le plan éthologique, un nourrisson face à la télé était littéralement médusé, c'est-à-dire en état de sidération. Quand je vois mes petits-enfants regarder la télé, ils sont côte à côte, ne bougent pas, baignés dans un monde intime plein d'images et de sons. En un sens, ils sont sécurisés. Le problème, c'est qu'ils ne connaissent plus le moindre rituel d'interaction. Les rituels d'interaction sont notamment faits de milliers de petites mimiques infraverbales, de hochements de tête, de regards, d'intonations de la voix, qui nous font réagir au centième de seconde (grâce à nos neurones miroirs et à nos neurones fuseaux). Par exemple, nous pensons en un éclair : « Ouh, il se fâche, il faut que j'arrête ! » ou au contraire : « Ce que je lui dis lui plaît, je peux continuer ». Pour nous, mammifères, et surtout pour nous, humains, les mimiques faciales sont particulièrement « codantes ». La moindre mimique veut dire quelque chose, c'est un signal sémantisé, qui modifie en permanence le fonctionnement de notre cerveau. On le voit déjà chez le bébé ; quand sa mère l'embrasse ou fronce à peine les sourcils, il pense aussitôt : « Maman m'aime » ou : « Maman n'est pas contente ». Pour le petit enfant, c'est un signal hyper-important. Erving Goffman, un sociologue intéressé par l'éthologie, a compté le nombre de rituels d'interaction que l'on doit traiter entre le moment où l'on part de chez soi, dans une grande ville, et le moment où on arrive au travail : quatre cents rituels d'interaction différents ! On ne dit pas bonjour de la même manière à la gardienne, au patron ou au conducteur d'autobus. C'est impeccablement codé. Les rôles sociaux sont codés jusqu'au moindre petit signe.

Mais voilà, plongé quotidiennement pendant des heures dans les filets de la Toile, le « cyberhumain » ne traite plus ces milliers de micro-signaux infraverbaux que lui envoient ses congénères. Les cyber-machines ont des performances de communication stupéfiantes, mais elles empêchent les rituels d'interaction émotionnelle. Ce qui inhibe l'empathie, qui est cette aptitude à se décentrer de soi-même pour se représenter le monde de l'autre. Ce blocage s'ajoute à d'autres données de notre civilisation – notamment le fait qu'un nombre croissant d'humains vit dans des mégapoles.

La communication s'est donc incroyablement améliorée, mais la coexistence s'est incroyablement altérée. D'où, peut-être, une explication possible de la violence des tout-petits. À la municipalité de ma ville, une adjointe m'a dit sa stupéfaction de voir des gosses de sept, huit ans lancer des pierres aux femmes de ménage quand celles-ci leur disent : « Ne marche pas dans l'eau. » Le nouvel univers façonné par nos machines induit visiblement une autre manière de faire fonctionner notre cerveau. Les enfants élevés près des aéroports s'endorment bien parce que le bruit des avions, pour eux, est familier. Quand ils se retrouvent dans un endroit silencieux, ils s'angoissent. Dans leur cerveau, la sécurité liée au bruit constitue une trace cognitive, un « frayage », au sens freudien du terme. L'inconscient cognitif n'est pas le même que l'inconscient freudien, mais il y participe. Or l'ensemble des traces cérébrales n'est pas le même selon que votre milieu est géré par des machines ou pas. Nous allons donc assurément vers un remodelage complet de nos structures corticales, donc psychiques. Si nous voulons que ce soit pour le mieux, il va falloir y mettre du sien. Avec amour – et humour ! Ce n'est pas facile, de vivre.

Deuxième partie

NOTRE CERVEAU EST SOCIAL

Pourquoi nos neurones ont besoin d'autrui pour fonctionner

Aussi important que la plasticité neuronale et tout aussi révolutionnaire, voici un nouveau concept dont on va beaucoup parler dans les temps à venir : notre cerveau est neurosocial. Cela signifie que nos neurones entrent sans arrêt en résonance avec ceux d'autrui ; nos intériorités sont en communication directe. C'est-à-dire que nos circuits neuronaux sont faits pour se mettre en phase avec ceux des autres. Partant de là, nous n'avons littéralement pas le même cerveau, donc pas la même vie, selon les relations que nous entretenons avec autrui.

Parmi les ouvrages qui ont commencé à fleurir sur ce thème, *L'Intelligence émotionnelle* est une étude passionnante traduite de l'américain, signée par Daniel Goleman. Dix ans après la parution de ce best-seller, le psychologue visionnaire nous invite à une nouvelle exploration, *Cultiver l'intelligence relationnelle*[1]. Sujet immense, touffu, qui émerge depuis les années 1990 grâce au perfectionnement des techniques d'imagerie

1. Robert Laffont, respectivement 1999 et 2009.

corticale – avec en particulier le scanner à résonance magnétique nucléaire fonctionnelle (IRMf), qui permet de visualiser, avec une précision de plus en plus fine, les zones actives de notre cerveau, lorsque nous agissons, pensons, parlons, rêvons… ou entrons en contact avec quelqu'un. Ce dernier point se révèle crucial. Au point qu'il est en train de faire naître une nouvelle discipline : la neuroscience sociale, dont les bases ont été posées dans les années 1990 par les psychologues John Cacioppo et Gary Berntson. Une discipline qui ouvre des perspectives prodigieuses, mais qui nous lance aussi un avertissement inquiétant : nos neurones ont absolument besoin de la présence physique des autres et d'une mise en résonance empathique avec eux. Les relations cybernétiques, SMS, Internet, et autres contacts virtuels, ne leur suffisent en aucun cas. Or, comme ces télécontacts occupent une place croissante dans la communication humaine, nous allons au-devant de sérieux problèmes, qu'il faut absolument corriger.

Comment nos neurones « attrapent » les émotions des autres

Au moindre échange émotionnel avec autrui a lieu un incroyable faisceau de réactions en cascade dans notre système nerveux central. On n'a pas idée de tout ce qui se passe dans nos neurones, au plus léger sourire échangé, même avec une personne anonyme, croisée sur notre chemin. Alors, quand on tombe amoureux et qu'on regarde l'être aimé dans les yeux… Mais quand on affronte quelqu'un, envahi par la colère, on est en résonance totale aussi. En fait, nous « attrapons » les émotions des autres comme des virus, en positif comme en négatif. Sitôt que nous entrons en relation avec quelqu'un, des millions de nos neurones cherchent, littéralement, à se connecter à ceux de l'autre. Du coup, notre cerveau n'est pas le même selon que nous trouvons notre interlocuteur plus ou moins sympathique, intéressant, drôle, tonique, excitant, stupide, suspect, mou, rigide, dangereux, etc. Si quelqu'un nous agresse en hurlant, ce seront les mêmes zones qui, en quelques secondes, seront activées dans nos deux cerveaux, qu'on le veuille ou non.

Les neuropsychiatres américains ont étudié beaucoup de couples – depuis l'amour fou jusqu'aux pires scènes de ménage. Observée sous le scanner de l'IRMf, la neuro-anatomie d'un baiser révèle que c'est la totalité des aires orbito-frontales des cortex préfontaux (COF) des deux amoureux qui se mettent en boucle. Quand on sait que le COF est une structure fondamentale du cerveau, qui assure la jonction entre les centres émotionnels et les centres pensants, et qu'elle relie, neurone par neurone, le néocortex au bulbe rachidien, on comprend mieux pourquoi la mise en résonance provoquée par un long baiser amoureux a des effets positifs profonds : baisse des taux de cortisol, indicateur du stress, et montée en flèche des anticorps, gardiens du système immunitaire. On constate d'ailleurs des effets aussi positifs quand les amants se regardent simplement les yeux dans les yeux, sans s'embrasser. À l'inverse, une dispute conjugale, si elle met les cerveaux des protagonistes également « en phase », a des effets négatifs tout aussi mesurables : la fonction cardio-vasculaire entre en souffrance et les taux immunitaires baissent. Et si les disputes se répètent pendant des années, les dommages deviennent cumulatifs. Les neurones n'aiment pas les scènes de ménage.

Cela dit, hommes et femmes ne réagissent pas de la même façon aux interactions avec autrui. Au repos, les neurones des femmes ont tendance à systématiquement passer en revue, ruminer, ressasser leurs derniers échanges relationnels (amoureux ou pas). Ceux des hommes le font aussi, mais avec beaucoup moins d'énergie et de détails. Autrement dit, en moyenne, le cerveau de la femme est plus « social » que celui de l'homme. Et donc plus dépendant de la qualité relationnelle de l'existence. Cela éclaire plusieurs paradoxes de différents ordres restés jusqu'ici inexpliqués. Par exemple, statistiquement, la santé des hommes semble mieux profiter de la vie conjugale que celle des femmes. Pourquoi ? C'est que, souvent, la vie conjugale est médiocre : la femme en souffre et cela fait chuter son système immunitaire ; l'homme y est plus indifférent, et s'estime heureux simplement de ne pas vivre seul. Par contre, les femmes qui se sentent satisfaites voire très satisfaites de leur vie conjugale se nourrissent de cette qualité relationnelle avec plus d'intensité que les hommes, et leur santé en profite davantage – malheureusement, donc, ces cas sont rares…

Au-delà du couple, la mise en résonance des systèmes nerveux vaut pour tous les humains qui entrent en relation, qu'ils soient deux ou au-delà : au travail, entre amis… Une foule baignant dans la même émotion représente une myriade de cerveaux se mettant au diapason – incarnation neuronale de l'effrayante « passion unique » décrite par le philosophe Elias Canetti, dans son célèbre essai *Masse et Puissance*[1].

Tout cela fonctionne, entre autres, grâce à un nouveau venu dans le monde neurologique : le neurone miroir, découvert en 1996 par le neurologue italien Giacomo Rizzolatti, comme nous l'avons vu avec Boris Cyrulnik. Daniel Goleman compare les neurones miroirs à une « wifi neuronale ». Rappelons qu'il s'agit d'un mécanisme qui fait que notre cerveau, dès la naissance, « mime » les actions qu'il voit accomplir par d'autres, comme si c'était lui qui agissait. Ou bien il se mime lui-même, en imaginant une sensation ou une action, provoquant la même activité neuronale que s'il sentait ou agissait pour de bon : vus du dehors, nous pouvons être immobiles et silencieux alors qu'à l'intérieur, nos neurones « dansent », « mangent » ou « jouent du piano ». C'est cette capacité mimétique qui fait de notre cerveau un organe neurosocial : selon le type de relations que nous avons l'habitude de vivre, nos réseaux de neurones ne sont pas structurés de la même façon. Nous avons donc grand intérêt à développer notre « intelligence relationnelle ».

La voie basse et la voie haute de l'intelligence relationnelle

L'intelligence relationnelle repose sur un processus fantastiquement rapide. En moins de vingt millièmes de seconde, notre cerveau peut capter, simultanément, que la

1. Gallimard, 1966.

personne en face de nous a tel ou tel air, plus ou moins sympathique, plus ou moins franc, qu'elle sent telle ou telle odeur, qu'elle est physiquement plus forte ou plus faible que nous, qu'elle est pacifique ou menaçante, qu'on peut lui parler ou pas, qu'elle nous plaît ou pas, etc. On imagine les scénarios préhistoriques où ce processus s'est mis en place. En situation de survie, c'est en fonction de la réponse fulgurante de notre organisme que l'on va éventuellement sourire à notre tour à l'autre personne, ou bien lui envoyer son poing dans la figure pour se défendre, ou encore se sauver à toutes jambes. Les cellules nerveuses qui permettent une telle rapidité de réaction, sur un aussi grand nombre de plans simultanément, sont très grosses et s'appellent les « neurones en fuseau ». Aussi importants que les neurones miroirs, on n'a découvert leur rôle crucial qu'il y a quelques années. Ils mettent en branle des processus archaïques, qui se déroulent hors de toute conscience, à la vitesse éclair d'un réflexe. Mais attention, cet « archaïsme » est récent ! La plupart des animaux ne possèdent pas de neurones en fuseau. En dehors des humains, on n'en trouve que chez les chimpanzés, les gorilles, les orangs-outangs, les bonobos… et les baleines – ces dernières en ont d'ailleurs plus que nous, ce qui est intrigant, car l'autre nom que les neurologues donnent à ces neurones en fuseau est « neurones de l'amour ».

Aimer quelqu'un, c'est s'avérer capable de détecter chez lui d'infimes nuances dans l'expression de ses ressentis, puis, éventuellement, d'y répondre. Exemple : le psychologue Paul Ekman, spécialiste des expressions faciales, a répertorié dix-huit façons de sourire, depuis le petit rictus figé de politesse, le sourire gêné, le sourire soulagé-pincé (« on l'a échappé belle »), le sourire épuisé (de bonheur) et le sourire sadique, sans oublier le sourire excédé, le sourire endurant (de qui prend son mal en patience) et le sourire diplomatique, jusqu'au ravissement extatique. Mais on peut aussi sourire de façon caricaturale (pour imiter grossièrement la joie), ou de façon préoccupée (comme l'inventeur en train de créer), ou encore de manière méprisante, ou simulée, ou ravie (devant un bébé qui nous émeut), ou chaleureuse (pour encourager autrui dans une action), ou méditative à la manière du Bouddha (qui n'a rien à voir avec le *sorriso* de la Joconde), ou enfin amoureuse (mélange d'extase, de ravissement, de chaleur et d'excitation).

Si le rire est le processus de contagion neuronale le plus rapide (nous l'avons tous vérifié un jour, en nous tenant les côtes), le sourire est l'expression que le cerveau humain décrypte avec le plus de nuances et le plus vite : nos neurones préfèrent les visages heureux. Sans être spécialement physionomistes, nous pouvons tous reconnaître, en moins de vingt millièmes de seconde, lequel des dix-huit sourires types nous adresse notre interlocuteur, et ainsi décrypter son ressenti et nous y adapter. Si on généralise cet exemple à toutes nos formes d'expression et de sensorialité, verbales et non verbales, on aboutit à ce qu'on appelle l'« empathie ». Si nous n'avions pas cette rapidité et cette subtilité de décodage de l'autre, l'empathie serait impossible. Sans nos neurones en fuseau, nous ne serions pas humains.

Cette communication ultrarapide et multiniveaux constitue ce que les neurologues nomment la « voie basse » de l'intelligence relationnelle. Cette voie est à la fois très fine et holistique. Exprimée en termes neurologiques, c'est peut-être l'intuition – et peut-être aussi la télépathie, dont on sait qu'elle se nourrit de détails infimes entre personnes en relation affective forte. Par contre, cette voie basse ne fait pas de compromis, ni de diplomatie. Laissée libre à elle-même, elle peut s'avérer grossière et sauvage – et donc inhumaine –, réagissant face à l'autre en « j'aime/je n'aime pas » péremptoires. D'où l'importance de l'autre pilier cortical de notre intelligence relationnelle, que les neurologues appellent la « voie haute ». Si la voie basse réagit sans réfléchir, la voie haute commence au contraire par la réflexion consciente. C'est notre cerveau civilisé. Mettant en action les structures neuronales du néocortex, la voie haute est beaucoup plus lente, mais aussi beaucoup plus riche, nuancée, sophistiquée que la voie basse, faisant intervenir la mémoire, les valeurs, les croyances, bref, la culture de la personne. Elle fonctionne à coups d'hésitations, mais s'avère génialement flexible et multifonctionnelle, capable de nous guider dans le monde ultrasophistiqué et dangereux que nous avons nous-mêmes créé.

Une personne équilibrée fait coopérer la lente intelligence réfléchie de sa voie haute et les fulgurantes intuitions de sa voie basse. Nous vivons cette coopération en permanence… non sans courts-circuits, généralement inconscients, ce qui est le propre des mécanismes du refoulement. Exemple : les neurologues constatent qu'au cinéma, notre voie basse réagit comme si le film était vrai – avec bonheur ou terreur selon le scénario – et que notre voie haute doit exercer un contrôle tyrannique pour que nous restions sagement assis dans notre fauteuil au lieu de participer à la scène ou nous sauver.

Toutes ces études convergent sur un point : qu'il s'exprime par ses voies basse ou haute, notre cerveau a vitalement besoin d'altruisme. C'est à la fois évident et sidérant.

Nous aimer les uns les autres... ou mourir !

L'idée d'une intelligence relationnelle n'est pas neuve, le psychologue Edward Thorndike en parlait déjà dans les années 1920. Mais à l'époque, sous l'influence du concept alors tout neuf de quotient intellectuel, on ne s'intéressait qu'à l'« efficacité objective » des rapports humains et l'on ne faisait, par exemple, pas de différence entre une relation réellement amicale et une relation hypocrite et manipulatrice aboutissant au même résultat apparent. Le fait de pouvoir observer l'intérieur du cerveau d'un manipulateur ou d'un simulateur a tout changé : le manipulateur est un affamé de relations ! Certains se moqueront : comme souvent, la science de pointe a besoin de preuves accablantes... pour finalement retrouver ce que disent toutes les sagesses du monde. La preuve mathématique de l'utilité de l'altruisme n'en est pas moins passionnante. On a réussi ainsi à montrer que les relations harmonieuses – entre conjoints, entre enseignants et élèves, ou entre soignés et soignants – mettent tous les « chronomètres neuronaux » des protagonistes en phase, ce qui se solde pour eux par un meilleur métabolisme, un bien-être accru, bref, un bonheur supérieur.

La plupart des chercheurs et praticiens qui travaillent actuellement sur ces questions aboutissent au constat que l'altruisme est un instinct. Pourquoi ? Schématiquement, parce que nous ressentons, en nous-mêmes, la souffrance de l'autre, et qu'en le secourant, nous cherchons fondamentalement à nous soulager nous-mêmes. Daniel Goleman cite ces mots du poète W. H. Auden : « Il faut nous aimer les uns les autres, ou mourir. » Pour lui, ce n'est pas un souhait moral, mais une observation neuronale ! Le gros problème de notre époque, c'est que nous vivons dans des conditions où cet altruisme est sans arrêt bloqué, ou détourné. Dans notre cerveau, les neurones qui « ressentent » l'autre côtoient les neurones moteurs, qui permettent d'agir. Nous sommes ainsi faits que, lorsque nous ressentons de la compassion pour quelqu'un, notre sollicitude devrait aussitôt pouvoir se traduire par une action. Or cette mise en adéquation est aujourd'hui bloquée, de trois façons au moins : d'une part, nous sommes bombardés d'informations terribles par les médias, sans pouvoir agir dans la foulée – sinon de façon détournée, en envoyant un chèque à une ONG ou en signant une pétition, mais cela ne suffit pas à nos neurones moteurs ; d'autre part, la plupart d'entre nous vivent dans des grandes villes, où la densité des contacts est telle qu'il faudrait être un saint pour répondre à toutes les invitations à la compassion que nous recevons en permanence ; enfin, même avec nos amis et proches, nous sommes de plus en plus en relation par l'intermédiaire de machines, qui ne permettent pas l'expression physique immédiate d'une compassion, or nos neurones ont besoin de contacts directs, physiques, sensoriels !

Le résultat est que les petits enfants jouent de moins en moins (de façon « animale ») et sont ultraviolents de plus en plus jeunes (Daniel Goleman cite, comme Boris Cyrulnik, des actes de vandalisme à la maternelle), la vie associative directe (avec contact physique) est en pleine régression, l'indifférence nous gagne tous face aux souffrances d'autrui (quoi qu'on en dise).

Sommes-nous donc condamnés à disparaître par régression de notre « cerveau social » ? Goleman se cabre contre cette idée : « Nous ne devons pourtant pas nous déclarer battus. Le sentiment d'urgence peut réveiller nos consciences, nous rappeler que l'enjeu crucial du XXIe siècle sera d'élargir le cercle de ceux que nous considérons comme Nous et de réduire le nombre de ceux qui nous apparaissent comme Eux. Le câblage de notre cerveau social nous relie tous au noyau de notre humanité commune. »

La question est si importante que nous sommes allés interroger deux experts à son sujet : Pierre Bustany, à la fois médecin et ingénieur, spécialiste des nouvelles techniques d'imagerie du cerveau, et Jean-Michel Oughourlian, médecin psychiatre, promoteur depuis trente ans des idées du philosophe René Girard. Leur point commun : les neurones miroirs constituent pour eux une révolution dans notre conception même de la psyché et de la condition humaines.

Entretien avec Pierre Bustany

« Un vieux cerveau est plus entraîné qu'un jeune, il connaît les raccourcis neuronaux et fonctionne à l'économie »

Né en 1955, le Pr Pierre Bustany est neurophysiologiste et neuropharmacologue au CHU de Caen. Expert en neuro-imagerie, il s'intéresse à un grand nombre de sujets, notamment à l'imagerie des systèmes de neurones miroirs, au stress et aux troubles relationnels, au choc amoureux, ainsi qu'aux traumatismes psychiques dans la petite enfance. Ces dernières années, son activité s'est particulièrement concentrée sur les liens entre fonctionnement cérébral et cognition lors du stress traumatique, avec l'objectif de cerner les causes de la résilience. Il est aussi membre actif de l'équipe de recherche « Attachement, résilience et culture », qui réunit autour de Boris Cyrulnik quelques-uns des meilleurs spécialistes internationaux de la psychiatrie, de la psychologie, de la philosophie, de l'éthologie, de la génétique et des neurosciences. Ce groupe cherche à identifier les liens entre neurones et pensée, dans l'ouverture d'esprit la plus large entre science et philosophie. Pierre Bustany est l'auteur d'une centaine de conférences sur ce sujet.

Patrice Van Eersel : Votre expertise en matière d'imagerie fonctionnelle des organismes vivants vous a propulsé parmi les pionniers de l'étude du cerveau, notamment depuis la découverte des neurones miroirs. Quelle était votre motivation de départ : manipuler des scanners ou explorer le cerveau ?

Pierre Bustany : Les deux. Bien avant qu'à l'âge de trente ans je décide de me lancer dans des études de médecine et de neurologie, j'avais étudié la biophysique et la neurophysiologie à Normale sup, qui est une école à la fin de laquelle on essaye d'aider les élèves à réaliser leurs rêves. Quand on m'avait demandé quel était le mien, j'avais dit : « Je voudrais voir à l'intérieur du cerveau des gens. » Ce qui m'a conduit au Commissariat à l'énergie atomique (CEA), où l'on était en train de créer la première caméra à positons, le fameux PET-scan, sur lequel j'ai passé mon doctorat d'État. C'était en 1978. Le CEA travaillait alors sur les « aliments » du cerveau, ce qui amenait les chercheurs à modéliser des maladies comme la démence sénile, la schizophrénie, la phénylcétonurie, tous les troubles du fonctionnement cortical aussi bien chez l'enfant que chez la personne âgée. À l'époque, le PET-scan était une machine unique qui valait extrêmement cher, mais elle apportait un regard nouveau fantastique : un scanner classique vous donne un renseignement anatomique immobile, à la façon d'une radiographie ou d'une photo, alors que la caméra à positons vous montre le cerveau en action. Elle ne voit d'ailleurs que ça : en suivant les radioéléments à vie courte utilisés en médecine nucléaire, donc à radioactivité légère, que l'on a injectés dans le sang du sujet, le PET-scan repère ce qui, dans le cerveau, est en action. D'où l'idée que l'on pourrait *voir* à quoi les gens pensent. Il a fallu attendre des années pour que la résolution des machines le permette. C'est aujourd'hui chose courante : on a vraiment commencé à pouvoir regarder fonctionner le cerveau, à observer en détail comment il s'active en réponse à telle ou telle stimulation. Le PET-scan ne voit que ce qui est actif. La molécule de glucose ou d'oxygène (marquée radioactivement avant d'être injectée) n'est absorbée que par les neurones en train de travailler dans le cerveau de la personne au moment où on l'enregistre. Si on lui tape sur les doigts, l'image va s'allumer au niveau du cortex sensitif de la douleur de l'index frappé. Si elle a peur du choc avant la tape, ce seront des noyaux profonds du cerveau qui s'allumeront, responsables de l'émotion de la peur, etc.

Un non-spécialiste peut-il comprendre comment fonctionne un PET-scan ?

En français, on devrait dire « TEP-scan » – TEP pour « tomographie par émission de positons ». Un positon est un électron positif, c'est-à-dire un électron d'antimatière. Quand il s'échappe du radioélément qu'on a injecté au patient – par exemple une molécule de glucose légèrement radioactive, dont les neurones ont besoin pour agir –, ce positon ne tarde pas à rencontrer un électron et, dans le choc matière/antimatière, les deux s'annihilent, émettant deux rayons de lumière gamma exactement à l'opposé l'un de l'autre. Comme on a installé des détecteurs tout autour de la tête du patient, on peut savoir sur quelle ligne se trouvait le produit radioactif, et ainsi, en rassemblant un grand nombre de détections de rayons gamma, dresser une carte de l'activité cérébrale.

Le public vous connaît surtout pour vos conférences sur les neurones miroirs. Sans le PET-scan, aurait-on jamais pu découvrir ces derniers ?

On aurait pu, parce que nous disposons aujourd'hui de l'imagerie par résonance magnétique nucléaire fonctionnelle (IRMf), qui montre l'activation de nos neurones plus rapidement et avec une précision beaucoup plus grande que le PET-scan. Plutôt que de recourir aux rayons X comme avec un scanner, l'IRMf fait produire aux noyaux atomiques de l'organisme un champ magnétique qu'un détecteur circulaire peut capter et traduire en une image en trois dimensions. Ce système présente un triple avantage : il coûte beaucoup moins cher que la caméra à positons ; il donne une résolution de l'ordre du millimètre et demi, alors que la résolution du PET-scan n'est que de l'ordre du centimètre ; il évite l'irradiation, puisqu'on travaille avec un champ magnétique et non plus avec des isotopes radioactifs.

Le PET-scan est donc une technologie dépassée ?

Pas pour tout ce qui relève de l'étude réelle du métabolisme, notamment du typage et de l'extension des tumeurs, fonction essentielle s'il en est. Là, l'imagerie par TEP reste irremplaçable. On peut également beaucoup mieux suivre le trajet d'un médicament avec la TEP, alors que c'est compliqué avec l'IRM fonctionnelle, parce que les molécules des médicaments sont énormes et que la résonance magnétique change leur comportement. Mais pour ce qui est de l'observation du fonctionnement du cerveau, les résultats sont désormais beaucoup plus rapides avec l'IRM fonctionnelle. Ces deux techniques d'imagerie sont donc complémentaires. Souvent, on superpose les deux images, la très bonne résolution anatomique de l'IRM venant s'ajouter à l'activation métabolique de faible résolution de la TEP. Après quoi des logiciels ad hoc permettent de synthétiser le tout (c'est exactement ainsi qu'on affine les images de satellite prises avec des pellicules de basse résolution). La somme des images obtenues par les deux techniques donne des renseignements précieux pour savoir comment le cerveau fonctionne, normalement ou en pathologie, qu'il s'agisse du langage, de la motricité, des émotions, de l'empathie, etc.

Quand ils ont découvert les neurones miroirs, en 1996, quelle technique d'imagerie le Pr Giacomo Rizzolatti et son équipe utilisaient-ils pour étudier les cerveaux des singes ?

Il s'agissait d'une implantation intra-cérébrale directe et in vivo d'une électrode très fine, qui ciblait un petit paquet de neurones liés à la motricité du bras du singe. Le singe avait été équipé de façon à ce que l'on sache quels neurones s'activaient quand il effectuait telle ou telle tâche. C'est par hasard que les chercheurs se sont rendu compte que les même neurones fonctionnaient quand le singe se saisissait d'un morceau de nourriture ou quand il regardait quelqu'un (un singe ou un humain) accomplir le même geste. Tout se passait comme si le singe menait l'action, alors qu'il était immobile et ne faisait que regarder l'autre agir. C'est cette constatation qui a donné l'idée des neurones miroirs aux chercheurs de Parme. Par la suite, l'hypothèse a été explorée de toutes les façons possibles par de nombreux laboratoires. Chez le singe, le système des neurones miroirs est beaucoup plus simple que chez l'homme : il sert essentiellement à préparer le cerveau à lancer une action tendue vers un but significatif, par exemple tendre la main pour se saisir d'une banane. Chez l'homme, on grimpe de plusieurs degrés dans la complexité. D'abord, le geste d'un autre peut être imité par vos neurones même si ce geste est « abstrait » et ne conduit à rien d'autre qu'à lui-même. Le modèle des neurones miroirs a ainsi permis de montrer qu'en regardant quelqu'un sauter en l'air, servir au tennis ou shooter dans un ballon, nous activons, sans en exprimer le geste, les neurones correspondants de notre cortex prémoteur. Nous pouvons faire de la gymnastique sans bouger ! Les grands sportifs le savent bien, qui utilisent des méthodes de « visualisation de la victoire » pour entraîner leur système nerveux à mieux atteindre celle-ci. Sans les nouvelles techniques d'imagerie, tout cela serait resté hypothétique et obscur.

À quoi nous servent les neurones miroirs ? À nous préparer à l'action, en renforçant les voies neuronales de notre cerveau moteur. Plus vous répétez l'activation d'une voie, même par simple imagination, plus cette voie se renforce et plus le geste auquel elle correspond va devenir facile, automatique. Si vous entraînez classiquement les muscles de vos doigts tous les jours pendant plusieurs heures, au bout d'une semaine vous les bougerez environ 50 % plus vite. Ce que la neuro-imagerie nous montre de génial, c'est que si vous avez visualisé en pensée l'action de bouger vos doigts, ou même simplement regardé quelqu'un d'autre le faire, vous pouvez améliorer votre vitesse d'exécution de 20 % ou de 30 %. Tout cela grâce au système miroir. C'est donc un processus qui économise l'énergie en préparant l'action en amont. En voyant quelqu'un faire un geste qui nous intéresse, ou en nous imaginant le faire nous-mêmes, nous nous en facilitons l'éventuelle exécution. On a ainsi pu confirmer l'ancienne hypothèse selon laquelle un musicien pourrait entraîner sa dextérité, donc son cerveau moteur, simplement en lisant ses partitions dans sa tête, ou même en s'imaginant jouer, les yeux fermés.

Lors de vos conférences, vous montrez volontiers des images très frappantes de cerveaux de musiciens. Un musicien en écoute un autre jouer et il se passe dans leurs cerveaux des choses absolument comparables. Dans le cerveau du non-musicien, par contre, il ne se passe pas grand-chose, même s'il apprécie le concert. Formidable plaidoyer pour la culture !

C'est vrai pour toutes les expertises, tous les arts, tous les apprentissages. Si nous scannons le cerveau d'un peintre ou d'un grand amateur de peinture regardant un tableau, nous trouverons une activité neuronale intense. Elle sera moindre chez le néophyte. Cette activité peut se décomposer de façon de plus en plus subtile, à mesure qu'avancent nos techniques d'imagerie et notre connaissance des fonctions corticales. Un musicien écoutant jouer un autre musicien va spontanément analyser si celui-ci joue juste ou pas, de combien il est décalé par rapport au diapason, à quel rythme il joue, avec quel style, quelle tonalité, sans compter le jugement qu'il portera sur le choix du morceau, l'histoire de ce dernier… bref, une infinité de données que nous ignorons si nous n'avons pas nous-mêmes étudié la musique pendant des années. Là encore, le système vise l'efficacité et l'économie. À un expert, vous n'avez pas besoin de donner grand-chose pour qu'aussitôt il reconnaisse l'ensemble où le fragment s'inscrit. À un ornithologue, une note d'un chant suffit pour reconnaître un oiseau. Et un amoureux d'anciennes voitures n'a besoin de voir qu'une seconde un véhicule roulant à toute vitesse pour savoir de quel modèle précis il s'agit.

C'est l'explication neuronale de ce que les psychologues appellent la « gestalt » ou ce qu'on appelle l'« effet Zeigarnik » : notre esprit ressent le besoin impératif d'achever une forme ou un geste à peine ébauchés, il lui faut intégrer la partie dans un tout et « boucler la boucle ». Avec un fragment de visage, il retrouve le visage entier !

Il le retrouve… ou croit le retrouver, dans le cas d'un fantasme, d'une hallucination. Mais c'est exactement cela. Notre cerveau est en quelque sorte bâti pour systématiser, intégrer, rationaliser, parfois à outrance.

Les neurones miroirs n'existent-ils que dans certaines zones du cerveau ?

Il semblerait qu'on les trouve un peu partout. Nous n'en sommes qu'au début d'une vaste exploration, mais a priori il vaudrait mieux, en fait, parler du « fonctionnement en miroir » de nombreux systèmes de neurones. Le renvoi métaphorique au miroir, lui, n'a pas été choisi au hasard. Le plus souvent, en effet, le mimétisme neuronal passe par la fonction visuelle. Si je vous vois vous donner un grand coup de marteau sur les doigts, ma réaction en miroir fera que je saisirai (inconsciemment) ma propre main d'un geste vif, tout en pensant : « Ouh là là, il a dû se faire mal ! » Je sais fort bien que ce n'est pas moi qui me suis fait mal, mais le fonctionnement en miroir me pousse à internaliser ce qui vous arrive – ce qui constitue la base neuronale de mon empathie.

Mais l'effet miroir passe aussi par les autres fenêtres sensorielles. Si vous entendez quelqu'un marcher sur un parquet, les neurones moteurs des muscles de vos jambes vont passivement s'activer comme si vous marchiez, via votre cortex auditif, en s'adaptant au bruit entendu, c'est-à-dire en modulant leur effort différemment selon qu'il s'agit d'un pas rapide ou lent, lourd ou léger, etc. Cela ne fonctionnerait évidemment pas si vous n'aviez, au préalable, maintes fois marché et entendu marcher, de toutes les façons imaginables, et mémorisé les bruits correspondants aux différentes sortes de pas, ceux-ci éveillant aussitôt dans votre esprit ces scènes vécues. Pour demeurer précis dans la terminologie, certains confrères préfèrent d'ailleurs, en ce cas, parler de « neurones échos », réservant la fonction miroir à la mise en résonance neuronale passant par une perception visuelle. Mais la fonction, elle, demeure la même. Si vous entendez le bruit d'une noix qu'on casse, vous visualisez aussitôt l'action en cours – la noix, le casse-noix, le geste de casser, les morceaux de cerneaux – et cette image s'en va stimuler votre cortex prémoteur, comme si vous cassiez vous-même une noix, dans une perspective bien précise : en casser une pour de bon, bientôt, peut-être, pour vous en régaler. Au moins serez-vous prêt. La reconnaissance de l'action en pensée active des zones communes aussi à la programmation active de ce geste.

Souvent, la fonction miroir est synesthésique, passant par plusieurs sens à la fois. Si, par exemple, vous voyez quelqu'un adopter la mimique du dégoût, vous aurez facilement tendance à l'imiter, avec l'impression de sentir, dans vos narines, une odeur putride. C'est là un réflexe quasiment « câblé » génétiquement dans nos circuits neuronaux olfactifs et moteurs. Notre espèce sait depuis des centaines de milliers d'années que ce qui sent mauvais est généralement pourri et ne doit pas être consommé. C'est si puissant que quand nous regardons un visage exprimant le dégoût, notre système miroir peut très bien provoquer chez nous des réactions de dégoût réel, avec haut-le-cœur, tachycardie, sueur, peur et autres réactions psychosomatiques. Pensez un peu, pour voir, à quelqu'un mangeant des vers vivants devant vous !

Mais la fonction miroir a aussi ses limites. Prenez un professeur de danse, qui s'entraîne depuis trente ans et exécute à la perfection un certain enchaînement. Ses élèves le regardent et, usant de leurs neurones miroirs, tentent de l'imiter. Pourtant, ils n'y parviennent pas. Trente ans de travail ont fait intégrer au maître une coordination neuronale complexe inaccessible à des débutants.

Sans être rousseauiste, la haine et la misanthropie ne vont-elles pas à l'encontre de notre condition humaine elle-même ? Ne dit-on pas en effet que notre système psychique s'est intégralement constitué en empathie avec autrui, grâce à nos neurones miroirs, dès notre naissance ?

Absolument. Le cerveau du bébé humain est prodigieusement plastique, apte à privilégier des synapses et à en détruire d'autres pour « sculpter » ses voies neuronales et ainsi créer, de façon mimétique, des automatismes de fonctionnement. Dès les premiers jours, à mesure que sa vue se développe, il prête une attention de plus en plus intense au visage de sa mère. À vrai dire, une forme d'engrammation, sinon de mimétisme, a déjà commencé pendant les derniers mois de sa vie fœtale. C'est particulièrement vrai au niveau gustatif. Si sa mère vit dans le Midi et mange beaucoup d'ail, le bébé appréciera la cuisine aillée – sinon, ce sera beaucoup plus difficile de la lui faire aimer. De sept à neuf mois de grossesse, dès que la composition du liquide amniotique change, le bébé le perçoit sur sa langue et il va mettre en mémoire tous les goûts familiers. Même chose pour les sons et la musique, puisque le fœtus de sept mois entend déjà très bien, mais attention, via le liquide amniotique. S'il a été porté par sa mère dans une ambiance de rock heavy metal, c'est sûrement cette musique-là qui le calmera le mieux, autant que la voix des parents.

Cela dit, l'effet miroir lui-même ne commence qu'après la naissance puisqu'il passe principalement par le système visuel. Pour reconnaître une action, il faut la voir effectuer par autrui. Le bébé n'a aucune inhibition : vous tirez la langue, il tire la sienne ; vous souriez, il sourit ; vous pleurez, il pleure... Le nouveau-né est hypersensible et développe étonnamment vite des méthodes d'analyse du regard de sa mère. Il relie très bien telle expression du regard de celle-ci au fait qu'elle est contente ou pas. Au bout de quelques mois, il suffit de froncer les sourcils pour qu'il se mette à pleurer – parce qu'il sent intérieurement une altération du bien-être de sa mère. Tout cela passe intégralement par les neurones miroirs. Au début, seul le système visuel est concerné. Puis, peu à peu, le système auditif s'intègre au processus, même si la parole n'est pas encore au programme. L'enfant entend quelque chose, son cerveau analyse les sons et les mémorise, se constituant une grammaire acoustique, par étude statistique des groupes de phonèmes dans les paroles que son entourage déverse sur lui.

Plus tard, chez l'adulte, le neurone miroir permettra à la fois d'imiter, d'entrer en résonance empathique, de comprendre un geste ainsi que sa finalité. Le petit enfant n'utilise son système miroir que pour imiter, pas pour comprendre le but des actions vues. Au début, il en est le jouet pur et simple. Vers quatre ou cinq ans, il commence à mentir et s'amuse à « faire comme si ». Il comprend qu'il peut s'imaginer des choses, appréhender ce qui se passe dans la tête des autres, jouer en groupe et manipuler sciemment autrui, sa dépendance totale à son système miroir se relâche alors petit à petit. Il découvre qu'il peut jouer de ce système miroir pour mimer des sentiments et faire croire à autrui quelque chose qu'il ne ressent pas.

Si la fonction miroir constitue la base neuronale de l'empathie, comment se déclenche la haine ?

Qu'il y ait empathie à la base est indéniable. Il y a par exemple un système miroir spécifique, au niveau de l'insula et de l'amygdale, à la base du cerveau, qui nous permet de reconnaître l'émotion chez les autres. Je vous parlais de l'expression du dégoût, reconnue dans toute l'espèce humaine. C'est vrai des autres grandes émotions, la joie, la peur, l'agressivité… Mais attention, si cela peut servir à entrer en résonance aimable avec autrui, la fonction initiale du système miroir est aussi de se défendre ! Si un malfrat vous approche, la mine mauvaise, vous ne serez pas long à décoder son geste, par effet miroir, et à activer votre mémoire gestuelle, pour parer le coup, attaquer ou fuir. En situation de combat, à peine votre adversaire a-t-il commencé à porter sa main à sa poche intérieure que déjà vous dégainez, pour tirer le premier – au risque de commettre une erreur si l'autre n'avait l'intention que de sortir son paquet de cigarettes ou son mouchoir ! C'est le drame de Clint Eastwood à la fin de *Gran Torino*. Votre réaction de défense ultrarapide repose alors d'abord sur une interprétation inconsciente de votre système miroir.

Ce système réflexe de défense est quasiment câblé. Une part innée de nos connexions neuronales concerne la reconnaissance des visages, surtout ceux des humains. Notre cerveau dispose de deux systèmes automatiques de reconnaissance du visage : la voie basse (qui n'utilise que les parties du cerveau archaïque) et la voie haute (qui utilise aussi des fonctions du néocortex). La première, ultrarapide mais approximative, repose sur les « neurones en fuseau », qui sont capables d'analyser un grand nombre de données en quelques centièmes de seconde, notamment pour savoir si une personne qui approche est amie ou ennemie – cela peut être une question de vie ou de mort et se reconnaît à des dizaines de détails de la mimique de l'autre : ses yeux, ses sourcils, sa bouche, ses narines, sa vitesse d'approche, sa voix, le rythme de ses gestes, etc. La voie haute, elle, beaucoup plus lente que la basse, intègre des éléments acquis et mémorisés, par exemple pour savoir si le visage considéré appartient à quelqu'un de ma famille, ou de mon voisinage, ou d'une autre tribu connue, ou s'il s'agit de quelqu'un qui m'est totalement étranger – encore faut-il pour cela que le système réflexe de ma voie basse m'en ait laissé le temps et que je ne me sois ni enfui ni précipité sur l'intrus pour l'empêcher de me nuire.

Selon la voie réflexe considérée, ce ne sont pas du tout les mêmes aspects du visage qui sont analysés. La voie basse est bien sûr beaucoup plus instinctive et, ne tenant pas compte de la mémoire culturelle, ne se fie qu'aux archétypes du genre humain. Elle repose sur la vue, mais pas seulement. On connaît des aveugles corticaux (leurs yeux fonctionnent, mais pas l'ensemble de leur cerveau visuel) qui ont perdu l'analyse sophistiquée de la voie visuelle haute, tout en conservant l'analyse instinctive de la voie visuelle basse. Tout se passe comme si, instinctivement, ils voyaient encore. On parle de « vue aveugle » : face à un visage qui les approche brusquement, ils réagissent encore – avec un réflexe de peur ou de joie –, alors qu'ils ne voient et n'identifient rien.

Ces systèmes réflexes d'analyse du visage sont ainsi faits qu'on a pu dire, quitte à choquer, que notre cerveau était « naturellement raciste ». Après notre naissance, nous développons la capacité d'analyser les visages de l'ethnie ou des ethnies proches, dont la physionomie nous devient à ce point familière que nous sommes capables, en quelques dixièmes de seconde, de reconnaître mille subtilités sur un visage. Mais si brusquement nous nous retrouvons dans un pays étranger, où les traits sont différents, nous devenons extrêmement grossiers dans notre analyse, incapables de faire la différence entre des personnes pourtant dissemblables, et donc moins capables d'empathie envers eux. C'est une base neuronale du racisme. Si un Européen n'a jamais vu d'Africains ou de Chinois, ou très rarement, ou s'il ne les a pas fréquentés, il aura tendance à penser, en son âme et conscience : « Tous les Noirs ont la même tête » ou « Tous les Chinois se ressemblent ». Et si on lui demande de faire le portrait-robot de l'un d'entre eux, il en sera difficilement capable.

Dès les neurones, l'ignorance est la mère de notre inhumanité !

Pour reconnaître qu'un autre est humain, il nous faut de la pratique. Il faut faire travailler notre cerveau, pour qu'il s'adapte et intègre les différences à ses réseaux neuronaux. Reconnaître de nouveaux collègues de travail demande déjà du temps, alors pensez, s'ils viennent d'ailleurs ! C'est plus long, mais vital. Car sans reconnaissance, l'empathie ne fonctionne pas ou très peu. Il est plus facile de maltraiter ou de tuer quelqu'un que je ne reconnais pas comme pareil à moi. Malheureusement, cette non-reconnaissance de l'autre peut aussi se transmettre par manipulation culturelle. Un bon endoctrinement politique, et vous câblez le fonctionnement cérébral des enfants autrement. C'est la face sombre de notre plasticité neuronale et des automatismes de pensée qui en découlent.

Pourtant le même « système miroir » nous pousse à faire le bien d'autrui. Pourquoi ? Parce que nous y avons intérêt. Au fond, nous ne vivons que pour notre bien-être, il n'y a pas d'exception. Tout être vivant cherche à survivre, à étendre son territoire et à se reproduire : les trois instincts de base de la vie. Mais la nature a aussi privilégié chez nous, au fil des millénaires, des instincts de groupe, parce que, seuls, nous aurions été impuissants et la loi de la jungle nous aurait éliminés. Nous avons donc intérêt, évolutivement, à aider nos congénères ; et quand nous nous apercevons qu'autrui éprouve une souffrance, cela fait résonner en nous les mêmes sensations désagréables. Le système miroir nous pousse donc à rechercher indirectement le bonheur d'autrui… pour notre propre satisfaction.

Quand le corps social se dérègle, ce système tombe en panne. Pour ne pas souffrir de voir autrui souffrir, je le fais alors disparaître du champ public : dans des camps, des ghettos, à l'asile, hors de la ville, en prison, au-delà des frontières. Pour bien fonctionner, le système miroir doit donc être encadré par des valeurs, une culture, des savoirs. Les plus anciennes sagesses disent comme la Bible : « Tu ne feras pas à autrui ce que tu ne veux pas qu'on te fasse à toi-même. » Ce à quoi il faudrait ajouter : « Tu ne te débarrasseras pas d'autrui simplement parce qu'il ne te plaît pas. »

Notre plasticité neuronale a donc vraiment un rôle social…

Oui et dès la naissance. D'abord par défaut : plus de la moitié de nos neurones disparaissent entre zéro et deux ans. Heureusement ! Sans cela, le petit humain ne pourrait pas individualiser ses voies. La mort cellulaire, ou apoptose, est la condition sine qua non de la plasticité cérébrale. Des milliards de neurones disparaissent, mais ceux qui restent sont infiniment plus riches en synapses, donc en contact avec leurs collègues. Or, c'est ce qui compte. Il vaut mieux avoir moins de neurones, mais que chacun soit extrêmement « digité », c'est-à-dire pris dans un réseau très dense. Pour avoir un cerveau efficace, ce n'est pas le nombre de neurones qui importe, mais le nombre de synapses. Peu à peu, les pistes synaptiques constituent notre mémoire, le but du cerveau étant d'économiser son énergie et ses efforts, donc de mémoriser des automatismes, aussi bien pour parler que pour jouer de la musique ou conduire une voiture. Quand on étudie la mémoire en imagerie, on s'aperçoit qu'elle est répartie un peu partout...

Dans tout le corps ?

Non, pas au sens biologique strict du terme, sa base neuronale est exclusivement située dans le cerveau. Faire venir à la conscience un souvenir, quel qu'il soit – un événement, un visage, une musique, un texte –, c'est automatiquement réactiver tous les réseaux neuronaux qui le soutiennent. Ceux-ci peuvent certes commander des réactions touchant tout le corps – un bon souvenir peut nous faire battre le cœur ou éclater de rire, un mauvais souvenir peut nous donner la nausée ou nous couper les jambes en faisant chuter notre tension. Tous les souvenirs sont liés à des émotions réactivées aussi par leur évocation. Cela dit, ils peuvent faire intervenir des aires corticales très différentes. Nous avons une mémoire auditive, une mémoire visuelle ou une mémoire motrice, distribuées ici et là. La mémoire émotionnelle est située plus bas, dans le cerveau limbique. Et la mémoire comportementale, au contraire, s'organise aussi dans la partie frontale du néocortex. Tout cela s'avère donc d'une plasticité beaucoup plus grande que ce que l'on croyait il y a à peine vingt ans.

En tant que neuropharmacologue, je travaille notamment sur les mécanismes hormonaux et enzymatiques qui influencent la neuroplasticité, ou qui la bloquent – chez les dépressifs et les stressés. Un cerveau déprimé ne donne pas les mêmes images qu'un cerveau tonique. Pourquoi ? La question est loin d'être réglée. Moins de 60 % des patients répondent à long terme aux antidépresseurs, notamment aux inhibiteurs de la recapture de sérotonine, et 15 % seulement se retrouvent finalement guéris pour de bon – j'entends par là qu'ils revivent normalement et ne font pas que survivre. Il faut donc multiplier les études de neurophysiologie sur la dépression pour comprendre la nature de cette atteinte cérébrale de plus en plus répandue et trouver de nouvelles classes de médicaments plus efficaces. Mais qu'est-ce qui fait que certaines personnes dépriment et d'autres pas ? Il y a des gens qui ne dépriment jamais, bien qu'ayant subi des guerres ou les pires traumatismes, et qui entraînent les autres à survivre, et d'autres qui, pour des riens, se mettent à broyer du noir et sont incapables de réagir.

Le salut ne se trouve-t-il que dans de nou caments ?

Bien sûr que non. L'exercice physique assidu par exemple empêche la dépression parce qu'il fait sécréter des substances comme l'insuline, qui est l'un des facteurs de développement des réseaux neuronaux. Ceux-ci en sont de gros consommateurs. L'insuline augmente la plasticité neuronale, ce qui veut dire que plus vous faites d'exercices physiques, plus vous stimulez votre capacité à produire de nouvelles synapses, et pas seulement dans vos aires motrices. Plusieurs recherches récentes ont ainsi confirmé que l'exercice physique retardait le vieillissement. La devise antique *Mens sana in corpore sano*, « Un esprit sain dans un corps sain », reste valable jusque dans le très grand âge. C'est d'ailleurs aussi efficace que les régimes diététiques… L'alimentation joue un rôle direct sur le cerveau, c'est incontestable – j'ai fait ma thèse sur ce sujet ! –, mais moins que l'exercice physique.

La plasticité neuronale baisse tout de même sensiblement quand on commence à vieillir, non ?

Cela a beaucoup été dit, notamment à l'époque des Trente Glorieuses, quand on a commencé à dénigrer systématiquement les personnes âgées et à prôner un jeunisme général dans la société. Puis les nouvelles techniques d'imagerie cérébrale sont arrivées et on s'est aperçu que si en effet certains noyaux neuronaux devenaient difficiles à entraîner avec l'âge, avec moins de synaptogenèse, d'autres noyaux s'avéraient au contraire plus nombreux et dynamiques chez la personne âgée.

Pourquoi ? Parce qu'un vieux cerveau est aussi beaucoup plus entraîné, il connaît en quelque sorte les raccourcis neuronaux et fonctionne à l'économie ; certains de ses réseaux fonctionnent donc mieux que chez la personne jeune. Ils fonctionnent aussi sous l'influence d'autres hormones, avec en particulier moins de testostérone chez le vieil homme que chez le jeune, donc moins d'agressivité, et avec une déperdition énergétique globale moindre.

Y a-t-il de grosses différences entre les cerveaux des femmes et ceux des hommes ?

Oui. Des millions de neurones se trouvent activés différemment suivant le sexe – et selon des modalités qui changent avec l'âge, donc avec le contexte hormonal. Par exemple, le traitement du langage et la compréhension de la parole ne sont pas exactement répartis de manière semblable dans les deux hémisphères cérébraux de l'homme et de la femme. Ce n'est pas un jugement de valeur et la culture acquise peut évidemment moduler tout cela, mais il est impossible de nier ce que nous constatons. Dès les derniers mois *in utero*, se mettent en place des choix d'activation génétiques qui sont hormono-sensibles et qui déclenchent sans retour possible des cascades de régulations différentes entre garçons et filles. Cela différencie les aptitudes selon un continuum homme-femme, sur lequel joue la culture et l'éducation.

D'où le fait que les petites filles parlent en général plus tôt que les petits garçons.

Pas seulement plus tôt : différemment. Quand on regarde quelles zones cérébrales on peut corréler à certains développements de l'intelligence, notamment comment l'aire de Broca est corrélée à la parole, on s'aperçoit qu'il y a une maturation métabolique globale beaucoup plus forte chez les petites filles que chez les petits garçons, particulièrement vers l'âge de cinq-sept ans. Or c'est un fait que les enfants qui ont un QI élevé ont aussi un langage et des possibilités d'analyse sémantique plus riches. Il existe surtout dans ce cas une différence de vitesse de maturation avec en gros deux ans d'avantage aux filles. C'est l'inverse pour d'autres fonctions !

Comment la culture influe-t-elle sur ces données de base ?

Il y a un aphorisme qui m'a toujours guidé dans mes études : « Le cerveau ne s'use que si l'on ne s'en sert pas. » Toute perception cérébrale laisse une trace ; si vous empêchez une petite fille (ou un petit garçon) d'utiliser son intelligence et ses facultés mentales naturelles (par la guerre, l'abandon, etc.), ses réseaux synaptiques ne se développeront tout simplement pas. Et on pourra finalement en conclure qu'il ou elle est stupide. À l'inverse, imaginez quelles possibilités gigantesques peuvent s'épanouir dans le cerveau d'un enfant, garçon ou fille, à qui l'on permet d'actualiser tous ses potentiels : les retombées sur sa santé mentale et physique à l'âge adulte en seront énormes.

Entretien avec Jean-Michel Oughourlian

« Au cerveau cognitif s'était ajouté un cerveau émotionnel. Et voilà que nous découvrons un cerveau mimétique ! »

Le philosophe René Girard, né en 1922, est l'inventeur de la fameuse théorie du désir mimétique, qui a jeté les bases d'une nouvelle anthropologie, selon laquelle la pulsion motrice et créatrice de l'humanité est fondée sur une spirale compétitive : le désir du même. Cette spirale serait mortelle pour le genre humain, si elle n'était canalisée par les rituels religieux. Cette théorie, d'abord littéraire (fondée notamment sur l'étude des écrivains romanesques : Cervantès, Stendhal, Dostoïevski, Proust), puis philosophique, a trouvé un renfort inespéré dans la neuropsychologie et la découverte des neurones miroirs. De quoi s'agit-il ?

Deux bambins dans un bac à sable se disputent férocement un seau en plastique rouge. Vous tentez de les raisonner, leur montrant d'autres jouets, bien plus beaux. Mais rien à faire, ils veulent le même ! Il faut les séparer, écumant, hurlant. S'ils en avaient le pouvoir, sûr que chacun anéantirait l'autre dans un éclair de violence. Prenez maintenant un couple. Depuis quelque temps, cet homme ne regarde plus sa femme qu'avec ennui, il ne la désire plus. Survient un étranger, dont les yeux brillent quand il aperçoit cette femme, qui elle-même le remarque et en devient ravissante. En peu de temps, la flamme du mari renaît. Hier indifférent, il serait soudain prêt à se battre pour réaffirmer son « amour éternel » à son épouse. Ainsi ne désirons-nous rien tant que ce que désire l'autre. Éros, pulsion de vie et de création, fonctionne en miroir : nous désirons ce que nous désigne le désir d'autrui.

Étendu à l'humanité, le désir mimétique, analyse René Girard, entraînerait tout dans sa violence, si celle-ci n'était focalisée, à intervalles réguliers, sur un bouc émissaire, une victime expiatoire et sacrée, qui prend sur elle la rage collective de ce désir, avant de disparaître. D'où, sans doute, le fait que « sacré » et « sacrifice » ont la même racine et constituent l'origine de toute culture.

René Girard travaille sur le désir mimétique depuis le début des années 1960. Il n'est cependant devenu célèbre dans le grand public qu'à partir de 1978, quand est paru le livre Des choses cachées depuis la fondation du monde[1], *où il s'entretenait avec le Dr Jean-Michel Oughourlian. Neuropsychiatre à l'Hôpital américain de Paris, catholique engagé dans la lutte contre la précarité et professeur de psychologie à la Sorbonne, ce dernier, né en 1940, participe activement aux colloques et rencontres de l'association Recherches mimétiques, où la théorie girardienne est appliquée à toutes les sciences humaines. Nous sommes allés à sa rencontre, pour qu'il nous dise comment, selon lui, s'articulent désir mimétique et neurones miroirs.*

1. Recherches menées avec Jean-Michel Oughourlian et Guy Lefort, Grasset, 1978.

Entretien avec Jean-Michel Oughourlian

Patrice Van Eersel : Pourquoi la découverte des neurones miroirs suscite-t-elle tant d'enthousiasme de la part des chercheurs dans toutes les disciplines, des neurosciences à la psychiatrie ou la philosophie ?

Jean-Michel Oughourlian : Le phénomène est déjà fabuleux en soi. Imaginez un peu : il suffit que vous me regardiez faire une série de gestes simples – remplir un verre d'eau, le porter à mes lèvres, boire – pour que dans votre cerveau, les zones enregistrées par le PET-scan s'allument de la même façon que dans le mien, alors que vous n'agissez nullement. C'est d'une importance fondamentale pour la psychologie. D'abord, cela rend compte du fait que vous m'avez identifié comme un être semblable à vous : si en effet un bras de levier mécanique avait soulevé le verre, votre cerveau n'aurait pas bougé. Il reflète ce que je suis en train de faire uniquement parce que je suis un humain et vous aussi. Ensuite, cela explique l'empathie. Comme vous comprenez ce que je fais, vous pouvez entrer en empathie avec moi. Vous vous dites : « S'il se sert de l'eau et qu'il boit, c'est qu'il a soif. » Vous comprenez mon intention, donc mon désir. Plus encore, que vous le vouliez ou non, votre cerveau se met en état de vous faire faire la même chose, de vous donner la même envie. Si je bâille, il est très probable que vos neurones miroirs vont vous faire bâiller – parce que cela n'entraîne aucune conséquence – et que vous allez rire avec moi si je suis pris d'un fou rire, parce que l'empathie va vous y pousser. Nous connaissons tous ces contagions. Cette disposition de notre cerveau à imiter ce qu'il voit faire – quand l'action l'intéresse – explique aussi l'apprentissage. Mais également la rivalité. Car si ce qu'il voit faire consiste à s'approprier un objet, il souhaite immédiatement faire la même chose et, donc, il devient rival de celui qui s'est approprié l'objet avant lui.

La rivalité serait donc inhérente à nos neurones eux-mêmes ?

Mais oui ! C'est la vérification expérimentale de la théorie du désir mimétique de René Girard. Voilà une théorie basée au départ sur l'analyse de grands textes romanesques, émise par un chercheur en littérature comparée, qui trouve une confirmation neuroscientifique parfaitement objective, et ce du vivant même de celui qui l'a conçue. C'est un cas rare dans l'histoire des sciences. Rappelons rapidement les découvertes de Girard. Le mimétisme du désir constitue sa première grande hypothèse ; la seconde est le lien entre violence, victime émissaire et sacré.

Notre désir est toujours mimétique, c'est-à-dire inspiré par ou copié sur le désir de l'autre. L'autre me désigne l'objet de mon désir, il devient donc à la fois mon modèle et mon rival. De cette rivalité naît la violence, évacuée collectivement dans le sacré, par le biais de la victime émissaire. À partir de ces hypothèses, Girard et moi avons travaillé pendant des décennies à élargir le champ du désir mimétique à ses applications en psychologie et en psychiatrie. Il y a trente ans, dans *Un mime nommé désir*[1], je montrais que cette théorie permettait

1. Grasset, 1982.

de comprendre des phénomènes étranges tels que la possession, l'exorcisme, l'envoûtement, l'hystérie, l'hypnose… L'hypnotiseur, par exemple, en substituant par la suggestion son désir au désir de l'autre, fait disparaître le moi, qui s'évanouit littéralement. Et surgit un nouveau moi, un nouveau désir, qui est celui de l'hypnotiseur. Le moi-du-désir est alors, sous nos yeux, remplacé par l'autre moi de l'autre désir.

Pourquoi ? Parce que la personne n'existe plus, qu'elle est « fondue » dans son miroir ?

Oui, et ce qui est formidable, c'est que ce nouveau moi apparaît avec tous ses attributs : une nouvelle conscience, une nouvelle mémoire, un nouveau langage et des nouvelles sensations. Si l'hypnotiseur dit : « Il fait chaud » bien qu'il fasse frais, le nouveau moi prend ces sensations suggérées au pied de la lettre : il sent vraiment la chaleur et se déshabille. Bref, de toutes ces applications du désir mimétique, j'en suis venu à la théorie plus globale d'une psychologie mimétique – qui trouve également une vérification dans la découverte des neurones miroirs et leur rôle dans l'apprentissage. Le désir de l'autre entraîne le déclenchement de mon désir, mais il entraîne aussi, du même coup, la formation du moi. En fait, c'est le désir qui engendre le moi par son mouvement. Nous sommes des moi-du-désir. Sans le désir, né en miroir, nous n'existerions tout simplement pas en tant que personnes.

Seulement voilà : le temps psychologique fonctionnant à l'inverse de celui de l'horloge, le moi s'imagine être possesseur de son désir, et s'étonne de voir le désir de l'autre se porter sur le même objet que lui. Il y a là deux points nodaux, qui rendent la psychologie mimétique scientifique, car ils sont aussi constants et universels que la gravitation l'est en physique : la revendication, par le moi, de la propriété de son désir, et celle de son antériorité sur celui de l'autre. Et comme la gravitation, qui permet aussi bien de construire des maisons que de faire voler des avions, toutes les figures de la psychologie, normale ou pathologique, ne sont que des façons pour le sujet de faire aboutir ces deux revendications. On comprend que la théorie du désir mimétique ait suscité de nombreux détracteurs : difficile d'accepter que notre désir ne soit pas original, mais copié sur celui d'un autre.

Mon désir serait copié même quand je désire quelque chose d'interdit ou d'impossible, d'inaccessible, où le mimétisme d'un autre ne semble pas évident ?

Bien sûr. Qu'est-ce que l'impossible ? Ce que vous ne pouvez pas avoir. Pourquoi ? Parce que quelqu'un ou quelque chose, la société ou la culture par exemple, vous l'interdisent. Or, en vous l'interdisant, on vous le désigne. C'est l'arbre du jardin d'Éden, ou le secret de l'attirance pour les femmes inaccessibles. Chaque psychologie personnelle est unique, le mécanisme se décore de tous les fantasmes, de tous les habillages normaux, névrotiques ou psychotiques, mais il est toujours mimétique.

Vous-même, comment avez-vous été amené à vous intéresser à ces questions ?

Avant 1970, il n'y avait pas de séparation entre neurologie et psychiatrie. Nous étions formés comme neuropsychiatres, pour adultes et pour enfants. Je suis un des vieux neuropsychiatres encore sur le marché. J'ai suivi les séminaires d'Henri Ey, de Jacques Lacan, etc., je me suis aussi intéressé à la psychologie, ce qui m'a permis de devenir maître de conférences à la Sorbonne. J'avais donc deux vocations au départ : l'enseignement de la psychopathologie clinique et la recherche théorique d'une part, et d'autre part la clinique psychiatrique, à l'Hôpital américain ou à Sainte-Anne. J'ai également étudié la philosophie et l'ethnologie, pour essayer d'approfondir mes recherches, mais rien de tout cela n'était suffisamment éclairant pour moi. Je trouvais la psychanalyse trop peu branchée sur les préoccupations immédiates du sujet : parler de son enfance à quelqu'un qui débarque débordant d'angoisse a un côté décourageant – ça ne marche que pour les gens qui ont le temps. Aux autres ne restent que les médicaments. C'est alors qu'en 1971 j'ai rencontré René Girard. Et très vite, sa pensée a catalysé mes interrogations et fait naître ma vocation de chercheur, en partant de ses deux hypothèses : psychologique, avec le désir mimétique, et sociologique, avec la victime émissaire. Telle la flèche d'Ulysse traversant tous les anneaux préparés par Pénélope, la pensée de René Girard traversait toutes les sciences humaines, les éclairant de manière radicalement nouvelle. Quarante ans plus tard, je mène une réflexion pour tenter de rassembler tous ces savoirs, neurologiques, pharmocologiques, psychologiques, culturels... Nous savons qu'il est impossible de séparer un problème psychologique ou psychopathologique de la culture où il prend racine. Le complexe d'Œdipe n'a aucun sens en Afrique, ou dans des sociétés matriarcales, où c'est l'oncle qui est le père et où tout le groupe social intervient pour régler les conflits. L'hypothèse mimétique, elle, peut s'étendre à toute l'humanité. C'est ce que j'essaye de démontrer.

Revenons aux neurones miroirs. Ils sont actifs dès la naissance, n'est-ce pas ?

Il semble en effet que l'essentiel se joue dans les toutes premières années. Tout cela recoupe parfaitement les travaux d'Andrew N. Meltzoff, qui est codirecteur de l'Institute for Learning and Brain Sciences de l'université de Washington, l'une des personnalités marquantes de la psychologie génétique (appelée « psychologie du développement » aux États-Unis). Il a montré qu'à peine nés les bébés imitaient. Pour la petite histoire, certaines mères lui ont accordé de pouvoir être celui que leur nouveau-né verrait en premier. Meltzoff leur a adressé des mimiques significatives, comme de leur tirer la langue, et il a pu constater que certains enfants l'imitaient aussitôt. Il faut d'abord qu'ils voient, bien sûr – beaucoup de nouveau-nés n'ont pas encore la vision –, mais certains peuvent imiter l'expression d'un visage adulte dès leur naissance, alors même qu'ils n'ont pas encore vu celui de leur mère, mais seulement celui de l'expérimentateur. Après trente ans passés à accumuler ces observations, Andrew Meltzoff saute de joie à l'idée que les neurones miroirs viennent confirmer sa théorie !

L'empathie nous serait donc naturelle ? Dans certains cas, pourtant, ce mécanisme semble ne pas se mettre en place. Je pense à l'exemple de ce paysan polonais dans le film Shoah *de Claude Lanzmann, racontant comment, quand il labourait ses champs en bordure du camp d'Auschwitz, il bravait l'interdiction des Allemands et « regardait quand même ». « Vous regardiez, lui demande Lanzmann, et ça ne vous faisait pas mal ? » Et le paysan, étonné, répond : « Mais monsieur, quand vous coupez* votre *doigt, ça ne me fait pas mal à moi ! » Qu'en est-il des neurones miroirs de cet homme ?*

Boris Cyrulnik explique une telle attitude par le fait que – souvent par défaut d'éducation et pour n'avoir pas été suffisamment regardé soi-même – l'être humain peut ne pas éprouver d'empathie. Les neurones miroirs ne se développent pas, ou ils ne fonctionnent pas, et cela donne ce que Cyrulnik appelle un « pervers ». Je ne sais pas si c'est vrai, cela mérite réflexion. Ce paysan polonais sait que le véritable interdit n'est pas de regarder, mais de réagir ou de commenter – au risque de se retrouver lui-même en danger. Alors il n'éprouve rien, ou plutôt une seule chose : le soulagement de ne pas être de l'autre côté. Ouf, le groupe auquel il appartient n'est pas menacé !

Ce rôle de la pression sociale est fort bien expliqué dans *Les Bienveillantes*[1], de Jonathan Littell. Il montre qu'en fait ce sont des modèles qui rivalisent : révolté dans un premier temps par le traitement réservé aux prisonniers, le personnage principal, officier SS, finit par

1. Gallimard, 2006.

renoncer devant l'impossibilité de changer les choses. Ses neurones miroirs sont tellement imprégnés du modèle nazi qu'il perd sa sensibilité aux influences de ses propres perceptions, et notamment à la pitié. Il y a lutte, à l'intérieur du système neuropsychique de l'individu, entre deux influences, deux modèles, et finalement, ce sont les neurones miroirs du régime nazi qui l'emportent. La cruauté envers les prisonniers devient finalement une habitude justifiée. Plutôt qu'une absence ou carence des neurones miroirs, cela indique peut-être simplement la force du mimétisme de groupe. Impossible de rester assis quand une ola emporte la foule autour de vous lors d'un match de football – même si vous n'aimez pas le foot et qu'un ami vous a entraîné là de force : tous vos neurones miroirs sont mobilisés par la pression mimétique de l'entourage. De même, les campagnes publicitaires sont des luttes acharnées entre marques voisines pour prendre possession, par la suggestion, des neurones miroirs des auditeurs ou spectateurs. Et c'est encore la suggestion qui explique pourquoi les membres d'un groupe en viennent à s'exprimer de la même façon.

Tout ne se joue donc pas uniquement avant l'âge de deux ans ? Il y aurait rebrassage des cartes bien après ?

Bien sûr, et Cyrulnik est le premier à le dire lorsqu'il parle de « résilience ». Il semblerait normal que les neurones miroirs soient dotés, comme les autres, d'une certaine plasticité. Ils agissent en tout cas tout au long de la vie. Et la pression du groupe n'a pas besoin d'être totalitaire : dans nos sociétés, c'est de façon « spontanée » que tout le monde fait la même chose.

Selon vous, les neurones miroirs se trouvent-ils partout dans le cerveau, ou seulement dans certaines zones ?

On ne sait pas encore bien. Nous n'en sommes qu'au début, à étudier des neurones isolés, la plupart du temps chez le singe. Ces découvertes sont récentes, les recherches nécessitent des appareils très coûteux. Je pense – mais ce n'est pas scientifiquement prouvé – que des neurones miroirs existent dans tout le cerveau. Pour l'instant, on en a trouvé dans les zones visuelles et dans celles de la motricité et de la sensibilité. Il y en a certainement aussi dans les zones du langage, comme le lobe temporal gauche. Certains confrères se demandent si tous les neurones n'auraient pas la capacité de remplir une fonction miroir. Sinon, on ne voit pas comment nous aurions pu apprendre à parler. Comment transmettre à un enfant, autrement qu'en parlant devant lui et en répétant les mots jusqu'à ce qu'il les répète lui-même ? Et pourquoi voudriez-vous qu'un enfant fixe son attention sur ce que vous faites, s'il n'y avait pas ce mécanisme ? La preuve par l'inverse, c'est que les autistes demeurent indifférents à vos actions : vous pouvez faire ce que vous voulez, lire un poème, vous mettre sur la tête, cela ne les concerne pas.

Le désir mimétique semble donc être ce qui permet de construire l'appareil psychique humain. Cela dit, suivez bien la complexification du processus. Stade n° 1, l'imitation. Tant qu'il y a apprentissage, le modèle que je suis en train d'imiter reste modèle, à double titre : d'abord parce que c'est lui que j'imite, ensuite parce qu'il me laisse l'imiter, comme un professeur donne des cours à des élèves, qui font attention à ce qu'il dit et le prennent pour modèle. Mais voilà que mon apprentissage avance et que je passe au stade n° 2 : le désir se forme en moi d'imiter mon modèle un cran plus loin, au point de me mettre en quelque sorte à sa place, usant des mêmes objets que lui, bénéficiant des mêmes avantages, du même statut. Que fait-il ? Avec ou sans diplomatie, il refuse. On ne touche pas à ce que le modèle se réserve à lui-même et qui se met à revêtir une valeur particulière, sur le plan de l'avoir, mais aussi sans doute sur celui de la puissance, qui fait qu'il est modèle et moi seulement élève. Va alors naître chez moi le désir de prendre sa place. Mon modèle devient peu à peu dans mon esprit mon rival. Cette rivalité peut aller jusqu'à entraîner des nations entières dans la guerre, comme René Girard le montre en étudiant la rivalité mimétique entre Napoléon Ier et le général von Clausewitz, entre Bismarck et Napoléon III, entre Hitler et Staline. Plus banalement, je peux me retrouver dans une troisième forme de désir mimétique : mon modèle s'avérant imbattable, je ne le vis plus comme un rival mais comme un obstacle insurmontable, m'empêchant définitivement d'accéder à l'objet de mon désir.

Autrement dit, nous vivons en permanence entourés de modèles qui deviennent des rivaux, et parfois des obstacles. Et petit à petit se crée dans notre cerveau un amalgame qui fait que toute rivalité va susciter en nous un désir, comme si, par essence, tout rival possédait quelque chose de précieux que nous n'avons pas. Et c'est alors la rivalité elle-même qui devient un modèle. Il faut pour cela un contexte particulier. Ainsi, toute inégalité n'est pas automatiquement source de rivalité.

Sous l'Ancien Régime, il ne serait venu à l'idée d'aucun manant, ni d'aucun marchand appartenant au tiers état, de revendiquer les droits d'un noble ou d'un religieux. Ces derniers n'étaient pas vécus comme modèles, ils étaient juste différents. Alors qu'aujourd'hui, les privilégiés apparaissent tous comme des modèles, donc des rivaux, donc des obstacles, entraînant un ressentiment général qui complique sérieusement les affaires de la démocratie, en suscitant haine, aigreur et amertume.

Selon vous, les neurones miroirs ne sont pas seulement un élément supplémentaire à notre connaissance du cerveau, ils la révolutionnent de fond en comble. De quelle façon ?

C'est à la fois simple et complexe. Pendant longtemps, et jusqu'à l'époque où je faisais mes études, dans les années 1950 et 1960, notre vision du cerveau se résumait à un cortex doté d'un certain nombre de fonctions motrices et sensitives. Le fameux schéma de l'*homonculus* résumait cette vision à l'extrême, avec une main géante, une énorme bouche, un tronc quasi inexistant et de très petits membres – chaque partie du corps de cet être difforme prenant une taille proportionnelle aux zones sensitives et motrices, plus ou moins innervées, qui lui correspondaient dans le cortex. Pendant des décennies, les neurologues s'étaient appliqués à déceler les zones fonctionnelles du cerveau, dont les plus célèbres sont les deux aires du langage, dans le lobe temporal : l'aire de Broca et l'aire de Wernicke. Cette tendance cartographique, assez mécaniste, avait certes été secouée et assouplie par plusieurs irruptions révolutionnaires. Ainsi la psychanalyse freudienne était-elle venue bouleverser tout ce que l'on savait sur la mémoire, celle-ci se retrouvant divisée en deux : une partie consciente, mobilisable par le cortex cognitif et volontaire, et une partie inconsciente, dont je ne vais pas vous rappeler ici les développements sophistiqués que Freud en a tirés. De son côté, bien avant les surréalistes, Marcel Proust, contemporain de Freud, avait popularisé l'idée que la mémoire inconsciente pourrait être réveillée par des mots ou des idées, mais aussi des couleurs, des odeurs, des situations, des sensations. Plus tard, après l'invention du quotient intellectuel, en 1912, l'approche cognitiviste proposa dans les années 1930 une première synthèse de ces différentes données, en introduisant la théorie des systèmes, donc la complexité systémique, dans l'approche neuropsychologique du cerveau. Cela dit, sur cette richesse et cette subtilité continuait de peser, comme un lourd couvercle, la pensée cartésienne, qui faisait du néocortex volontaire le centre ontologique de l'individu. Pour les étudiants que nous étions, trois siècles après René Descartes, le siège du « Je pense donc je suis » continuait d'être le cerveau cognitif.

L'étape suivante, qui ébranla sérieusement la vision cartésienne de la psyché, fut la découverte par les neuropsychiatres des années 1960-1970, dont Antonio Damasio est le plus célèbre, de l'importance du cerveau émotionnel : le système limbique, au-dessous du cerveau cortical, et toutes les passerelles neuro-endocriniennes qui font de ce vieux système mammifère le régulateur de notre vie psychique. C'est la fameuse histoire que Damasio raconte dans son livre *L'Erreur de Descartes*[1]... L'un de ses patients avait eu le cortex préfrontal démoli par une barre de fer et les connexions entre son néocortex et son système limbique et émotionnel avaient été rompues. Cet homme était resté cognitivement parfait – il continuait à pouvoir raisonner de façon rationnelle –, mais il ne parvenait pas à se mettre existentiellement en rapport avec les situations : il multipliait les gaffes et se comportait de façon inadaptée, comme s'il était idiot. Antonio Damasio fit alors l'hypothèse de l'existence d'une « intelligence émotionnelle », sans laquelle le cerveau ne pourrait pas fonctionner, l'intelligence cognitive seule s'avérant incapable de nous guider dans la vie. En quelques années, tous les tests de QI des universités et des bureaux de recrutement allaient se retrouver obsolètes, obligés d'accepter d'être doublés, voire remplacés par des tests de QE, qui mesurent notre capacité à réagir émotionnellement et affectivement dans un contexte existentiel et relationnel réaliste.

La connaissance des régulations du système limbique est devenue un énorme chapitre de la psychiatrie contemporaine. Ce cortex ancien, qui comprend entre autres l'hypothalamus et l'hypophyse, constitue en quelque sorte le noyau de nos humeurs. C'est de lui que dépend le fait que nous sommes déprimés ou excités, angoissés ou sereins. C'est lui qui colore toutes nos émotions et sensations, mais aussi, par ricochet, toutes les idées, concepts et sentiments qui peuvent habiter le néocortex. Et il s'avère donc que nous avons deux cerveaux : un cognitif et un émotionnel.

---

1. Odile Jacob, 1997.

Mais voilà que, dans les années 1990, Giacomo Rizzolatti découvre les neurones miroirs. Et cela va nous faire franchir une étape de plus, et mettre au jour, selon un courant de pensée auquel je participe avec ardeur, un « troisième cerveau ». Après le cerveau cognitif et le cerveau émotionnel, tout semble en effet indiquer que nous avons un cerveau mimétique.

Fondé sur les neurones miroirs – ou sur la fonction miroir de tous les neurones, hypothèse qui reste certes encore à démontrer –, le cerveau mimétique, si son existence était définitivement prouvée, serait le premier à se structurer chez le nouveau-né, bien avant le cerveau cognitif, et même avant le cerveau limbique (émotionnel). L'appareil miroir semble être ce qui introduit le jeune humain à son humanité, en le mettant en rapport avec l'appareil miroir de celle ou celui qui va l'accueillir. Il s'agit d'un rapport à double sens, le vecteur imitation du bébé se corrélant à un vecteur suggestion de l'adulte. En effet, on ne peut pas dire que je vous imite de quelque manière que ce soit sans dire aussitôt que vous me l'avez suggéré ; et on ne peut pas dire que vous m'avez suggéré quoi que ce soit tant que je ne vous ai pas imité. Nous retrouvons là l'élève et le maître de tout à l'heure. Suivant l'évolution des deux vecteurs et du désir mimétique qui les lie, le maître sera un modèle, un rival ou un obstacle. Il se confirmerait ainsi que réussir à dépasser la spirale du désir mimétique est une question cruciale, pour l'individu comme pour la collectivité. Car si la genèse de l'intelligence mimétique précède celles de l'intelligence émotionnelle et de l'intelligence cognitive, alors il devient évident que la première influence et détermine les deux autres.

Ce qui aurait quel effet ?

C'est une idée que je trouve séduisante : notre intelligence mimétique déterminerait en fait toutes nos relations « interdividuelles ». Dans *Des choses cachées depuis la fondation du monde*, nous avons créé ce néologisme pour souligner la prééminence du rapport sur les protagonistes ; le rapport est donc dit « interdividuel » et non pas « interindividuel ». Si je parviens à désamorcer la spirale violente qui me pousse à transformer mon modèle en rival ou en obstacle, autrement dit si je réussis à pacifier mes rapports humains, mon intelligence mimétique va devenir synonyme de sagesse et colorera de pastel toute mon existence. Le modèle n'étant pris que comme modèle, cette intelligence va se réverbérer sur mon cerveau cognitif et susciter un certain nombre d'idées, de souvenirs et de réactions intellectuelles allant dans le même sens. Elle va également susciter des émotions et sentiments positifs, bonne humeur, estime, amour. Par contre, si le rapport entre deux individus, donc entre deux systèmes mimétiques, tourne à la rivalité, celle-ci va se projeter sur le cerveau cortical de chacun d'eux et se coiffer d'un certain nombre d'idées et de rationalisations justifiant cette rivalité. Et nous allons assister à la mobilisation de tout l'appareil cognitif et intellectuel pour accréditer ma rivalité et donc mon agressivité. C'est ce que nous voyons tous les jours, aussi bien dans la réalité clinique que politique, de la cour de récréation aux relations entre États, en passant par les campagnes électorales. Dès que nous voulons attaquer quelqu'un, l'appareil mimétique ayant été mis en état de rivalité absolue – à la suite de tout ce que vous pouvez imaginer : identification au père, loyautés ancestrales, peu importe –, tout l'appareil cognitif et tout l'appareil d'État vont se mettre à chercher et à trouver des raisons de rivaliser, et à rationaliser la conduite rivale, jusqu'à en arriver à la guerre. Cette rivalité va par ailleurs se trouver projetée sur le système limbique et s'accompagner d'humeurs et de sensations désagréables, de sentiments négatifs, de haine ou de ressentiment.

Ce serait donc chaque fois un mouvement mimétique qui conditionnerait la réalité du rapport interdividuel ?

Exactement. Et ce rapport interdividuel, à son tour, suivant qu'il est orienté dans le sens du modèle accepté comme tel ou du modèle devenant rival, va se projeter sur le cerveau limbique et sur le cerveau cognitif, s'habillant des sentiments, des sensations et des humeurs que va lui fournir le premier, et se coiffant des rationalisations et des justifications intellectuelles que va lui fournir le second. Enfin, si le modèle se transforme en obstacle, nous allons aboutir à une situation plus grave, avec une humeur agressive doublée de sidération, des sentiments de haine impuissante, qui peuvent infecter des générations entières.

Bref, l'hypothèse que je formule, c'est que nous n'avons pas un cerveau, ni deux, mais trois. Et que c'est le cerveau mimétique qui dirige la partition, qui décide de l'orchestration que nous donnons à nos actions.

Cette hypothèse fait un peu penser au trois états décrits par Henri Laborit : l'agression, la fuite ou l'inhibition. Si elle était validée, qu'est-ce que cela entraînerait pour le psychiatre que vous êtes ?

La nécessité d'une remise en cause de toute la psychopathologie ! Jusqu'à présent, celle-ci a été localisée dans le cerveau cognitif, puis dans la mémoire, avec Freud, puis dans le cerveau limbique, avec tout ce que nous avons appris de la pathologie des affects et des émotions. Mais voilà, toutes ces classifications vont devoir être revues à la lumière de la théorie mimétique et de la prééminence du cerveau mimétique. Si nous voyons le modèle comme modèle, nos apprentissages peuvent se dérouler avec une psychologie harmonieuse. Mais nous pouvons aussi avoir des identifications au modèle délirantes. C'est ce que l'on appelle les « paraphrénies », affectant ceux qui se prennent pour Napoléon par exemple.

Et sur le plan de la simple névrose dont nous sommes tous peu ou prou atteints ?

Je pense que l'hystérie, par exemple, est en fait une mise en scène de la rivalité, comme je l'ai développé dans *Un mime nommé désir.* Selon moi, c'est l'exemple type de ce que peut faire un névrosé, une fois que la spirale mimétique s'est dirigée vers la rivalité : comment elle va se réverbérer, s'habiller d'émotions auprès du système limbique et se coiffer d'arguments auprès du système cortical, et ainsi construire tout son système. La crise d'hystérie montre le sujet en train de se battre avec l'autre : la conversion hystérique est simplement l'altérisation d'une partie du corps, la jambe par exemple, qui brusquement ne peut plus marcher. Pourquoi ? Parce qu'elle est à la fois moi et la représentation de l'autre qui m'embête. L'hystérie est donc une rivalité qui va petit à petit devenir ubiquitaire, puisque l'hystérique devient hypocondriaque à vouloir démontrer l'inefficacité de tous les médecins qu'il consulte.

Mais l'approche mimétique nous parle également de la psychose. Si le modèle devient rival, nous allons voir surgir toutes les variétés de paranoïa. La paranoïa de jalousie, par exemple, met le sujet en conflit avec un rival qui n'existe pas. C'est l'exemple d'Othello démentiellement jaloux de Desdémone : il la tue non parce qu'il l'aime, mais pour en priver son rival imaginaire. Donc dans les variétés de paranoïa, le délire de persécution, de jalousie, de revendication, chaque fois c'est la prise de l'autre comme rival qui me persécute, me poursuit.

Enfin, quand le rival devient obstacle, nous voyons cohabiter dans le même mécanisme une névrose et une psychose, ce qui nous oblige à une refonte de toute la psychopathologie. Car si le rival se fait obstacle, le système miroir de l'élève se fracasse sur celui du maître et peut exploser. On a toujours parlé dans la schizophrénie du syndrome non pas du dédoublement de la personnalité, mais du morcellement, du miroir cassé. La personnalité n'a plus de cohérence et s'en va alors dans tous les sens, elle est morcelée. C'est pourquoi la schizophrénie est un délire déstructuré à mécanismes multiples, avec des hallucinations, des obsessions, etc. Par ailleurs, si le rival se fait obstacle, il peut aussi devenir obsédant : au lieu de se fracasser sur lui, le moi peut se coller à lui, incapable de s'en libérer. Et cela donne toutes les névroses obsessionnelles.

Bref, le modèle mimétique permet de reprendre toutes les catégories psychopathologiques et devrait conduire à une nouvelle méthode de psychothérapie, c'est-à-dire de compréhension et de traitement de la maladie mentale, qui va consister non plus à réduire les symptômes au niveau cognitif par la rationalité, non plus à les réduire au niveau émotionnel et limbique par la compréhension, la gentillesse, la psychothérapie, mais à chercher un moyen d'agir au niveau du désir mimétique. Il s'agit de rassembler les notions que nous apportent les neurosciences, la psychologie du développement, les intuitions de René Girard, la psychopharmacologie, etc.

À votre façon vous êtes un optimiste !

Je suis d'accord avec Krishnamurti quand il dit : « Si vous regardez votre peur en tant que peur et non en tant que peur *de quelque chose*, les choses vont déjà beaucoup mieux. » Je vais vous donner un exemple banal. Une patiente me dit que son mari a une maîtresse et que cela lui est insupportable. Je lui réponds : « Madame, vous avez soixante et quelques années, votre mari a soixante-dix ans, vous vous plaignez de ce qu'il consacre à cette dame quelques instants de sa vie. Mais est-ce qu'il rentre à la maison tous les soirs ? – Oui. – Est-ce qu'il est gentil avec vous ? – Oui. – Est-ce qu'il s'occupe bien de la maison ? – Oui. – Est-ce qu'il vous emmène en vacances ? – Oui. – Est-ce que vous passez des vacances en famille avec enfants et petits-enfants ? – Oui. – Mais alors, qu'est-ce que cela vous enlève ? Pourquoi voulez-vous vous coincer dans une rivalité sur un point en particulier ? Considérez que votre mari adore manger chinois et que, comme vous avez horreur du chinois, eh bien, vous le laissez de temps en temps aller au restaurant chinois, et puis c'est tout, cela ne vous enlève rien et lui, ça lui fait plaisir ! » Depuis, cette dame va beaucoup mieux. Pourquoi ? Parce que je lui ai dit que ce n'était pas la peine de se raconter d'histoires. Regardons la réalité telle qu'elle est, mais sous toutes ses faces : nous verrons que la plupart sont positives ! La liberté n'est pas un cadeau que l'homme recevrait, entier et terminé. La liberté n'est pas un « acquis social ». Ce que l'on reçoit, c'est la capacité de se libérer progressivement. Non pas tant d'ailleurs du désir mimétique lui-même que de la rivalité à laquelle il nous pousse. On peut très bien revenir à ce stade d'apprentissage qu'on a connu dans l'enfance, quand on nous montrait et qu'on imitait, tout en gardant paisiblement le modèle comme modèle, et se libérer de ce carcan de la rivalité qui nous enferme dans la jalousie, l'envie, la violence. La sagesse consiste simplement à finir par apprendre à désirer ce que l'on a, et non pas systématiquement ce que l'on n'a pas. À partir du moment où l'on y parvient, on est non seulement dans la sagesse, mais également libéré.

Dès lors que je suis sans désir de possession, je suis content de ce que j'ai, et donc libre ?

Libre de creuser ce que j'ai. J'ai une conscience, je peux explorer cette conscience pendant des années, jusqu'à la rendre suraiguë, éveillée. Et capable d'une certaine distance vis-à-vis des désirs et des comportements que mes neurones miroirs me poussent à imiter. Il s'agit, comme disait Krishnamurti, de « voir la réalité psychologique là où elle se situe ». Il disait aussi qu'il fallait « se libérer du connu », c'est-à-dire de tous les conditionnements et fanatismes dont nous avons été contaminés, de tous les mimétismes rivaux qui jalonnent notre existence et nous imprègnent.

Le fait psychologique ne se situe pas dans tel ou tel individu, ni dans tel ou tel cerveau, mais dans la mystérieuse transparence du rapport entre les individus.

Troisième partie

NOTRE CERVEAU EST ÉMOTIONNEL ET AUTONOME

Sentir, penser, agir… ne consomme que 1 % de notre énergie cérébrale. Que fait-on du reste ?

Imaginez ce que recèle votre crâne : cent milliards de neurones, dotés chacun de mille à dix mille connexions synaptiques, assistés de mille à cinq mille milliards de cellules gliales (au rôle encore mal compris, mais sans doute capital, notamment dans la neurogenèse), le tout relié électriquement et chimiquement grâce à cinq mille sortes de molécules, dont une centaine de neuromédiateurs. Maintenant, fermez les yeux et pensez au visage d'un être cher. Le voyez-vous ? Vous venez juste d'allumer un réseau de quelques centaines de millions de neurones dans cette jungle. Le moindre de vos souvenirs ou savoirs, la moindre de vos aptitudes, habitudes, sensibilités est en fait un réseau de neurones reliés par leurs synapses. Un réseau dont la dynamique ne s'arrête jamais.

Les milliards de milliards de réseaux neuronaux et synaptiques possibles dans un cerveau humain forment une entité en permanente reconstitution. Et quand nous parlons de « jungle », on peut l'entendre quasiment au sens propre : les neurones et les cellules gliales qui les assistent colonisent notamment tout territoire vacant, telles les espèces végétales, animales ou bactériennes d'une véritable jungle grouillante de vie. « Et si nous perdons un neurone par seconde, dit le Pr Bernard Mazoyer, qui dirige le Groupe d'imagerie neurofonctionnelle (CNRS) à l'université de Caen, nous savons désormais que de nouveaux neurones naissent constamment dans une zone appelée "sub-épandymaire" (proche du bulbe rachidien), d'où ils migrent ensuite dans tout le tissu cérébral. »

De nouveaux neurones, même chez les adultes et les seniors !

Un dogme colossal s'écroule, qui prétendait la chose impossible. « On a découvert cela un peu par hasard, il y a une quinzaine d'années, poursuit le Pr Mazoyer, et c'était effectivement inattendu. Mais le plus important, ce ne sont pas tant les nouveaux neurones que les nouvelles connexions. Un neurone ne devient opérationnel que si des dendrites se mettent à pousser, le reliant par des synapses à d'autres neurones. » Qu'est-ce qui fait pousser ces dendrites ? La recherche sur la croissance des épines dendritiques fait l'objet d'innombrables recherches – Boris Cyrulnik nous en a déjà parlé et le Pr Daniel Choquet, de l'université de Bordeaux, en est un spécialiste. Les six moteurs de croissance dendritique les plus importants sont, parmi beaucoup d'autres et sans ordre d'importance : le désir, l'affection, l'interrogation, la réflexion, l'action, l'effort volontaire. Qu'est-ce qui détruit les neurones ? Cinq grandes possibilités de réponse (là aussi, parmi beaucoup d'autres et dans le désordre) : le vieillissement, le stress, la pollution, certaines maladies, mais surtout la passivité. Un neurone s'use et meurt beaucoup plus vite si l'on ne s'en sert pas ; ses synapses se rabougrissent et finissent pas se détacher, le mettant hors jeu. À l'inverse, apprendre, aimer, agir, méditer rend vigoureux nos neurones et leurs synapses.

Tous les interlocuteurs que nous avons consultés nous l'ont expliqué : notre regard a changé grâce aux nouvelles techniques d'imagerie cérébrale, qui nous permettent d'observer le cerveau humain en action avec autant de précision qu'un microscope électronique. Les chercheurs ont ainsi pu constater de façon formelle que toute expérience – physique, émotionnelle ou intellectuelle – faisait naître ou remodelait en nous un réseau neuronal. C'est d'autant plus vrai que l'on sait désormais que, contrairement à ce que l'on pensait du temps de l'approche localiste, notre cerveau ne comporte pas de régions spécialisées dans le calcul, la sémantique, ou même le traitement des informations visuelles : tout fonctionne en réseau ! C'est-à-dire que la moindre opération mentale, par exemple reconnaître un visage, fait intervenir des chaînes neuronales réparties un peu partout dans le cerveau. Et ces réseaux échangent en permanence des informations. Y compris quand on pense ne rien faire. C'est le cas même de nos aires motrices : en se tenant absolument immobile, on pourrait imaginer qu'elles le sont aussi. « Absolument faux, dit le Pr Mazoyer, nos aires motrices, elles non plus, ne cessent jamais de travailler. »

La science des réseaux neuronaux n'en est qu'à ses débuts. On peut concevoir que le XXIe siècle la verra faire des découvertes prodigieuses. Elle approfondira certainement la loi de Hebb, qui dit que stimuler un fragment de réseau suffit à l'allumer tout entier. C'est ce qui explique la théorie de la *gestalt*, évoquée plus haut : voir un bout de visage suffit à reconnaître quelqu'un… ou à croire le reconnaître – cela peut expliquer beaucoup d'hallucinations. Une chose est sûre : tous ces réseaux de neurones sont à la fois stables (sinon, on ne saurait plus qui on est en se réveillant) et mouvants (se rappeler quelque souvenir que ce soit, c'est aussitôt en modifier le réseau).

Notre cerveau fonctionne toujours à flux tendu

Une autre idée reçue s'est récemment effondrée, selon laquelle nous n'utiliserions qu'une petite fraction de nos capacités cérébrales. « D'un point de vue neurologique, explique Bernard Mazoyer, c'est archifaux. En réalité, notre cerveau travaille à flux tendu, sans réserve d'énergie et toujours à 100 % de ses capacités, nuit et jour, que l'on soit éveillé ou endormi. Mais seulement 1 % de cette activité est “cognitive”, c'est-à-dire accessible à la conscience : tout ce qui nous sert à penser, parler, inventer, décider ou bouger. Les 99 % restants sont inconscients et servent à confirmer et renforcer en permanence tous nos réseaux neuronaux. » Ces 99 % constituent le « fonctionnement cortical par défaut », notion tout à fait nouvelle dont le Pr Bernard Mazoyer est l'un des inventeurs.

Découverte confondante, répétons-la pour mieux nous en imprégner : toutes les activités corticales dont nous avons conscience, qu'elles soient cognitives ou motrices (entendre, voir, sentir, goûter, se souvenir, réfléchir, imaginer, décider, agir, se retenir, refuser...), tout cela ne consomme qu'un centième de l'énergie dont notre cerveau a besoin ! Avec les 99 % restants, il consolide, confirme, infirme, corrige ou reformate tous les réseaux neuronaux, en permanence, vingt-quatre heures sur vingt-quatre, depuis notre naissance jusqu'à notre mort, totalement à notre insu ! Plusieurs laboratoires, dont celui de Robert Schulman, à Yale, ont notamment démontré que 80 % à 85 % de l'énergie consommée par le cerveau servait à maintenir en état de marche non seulement les neurones, mais les synapses glutasynergiques, c'est-à-dire les synapses excitatrices, donc les connexions entre les cellules.

Nous savions que notre vision du monde était intégralement filtrée et interprétée par notre cerveau – si bien que nous ne connaissons pas le réel dans l'absolu, mais seulement traduit par nos réseaux neuronaux, eux-mêmes fonction de nos croyances. Mais nous ignorions que notre cortex retravaillait en permanence, à notre insu, tous ces réseaux, donc tous nos souvenirs.

Bien qu'il consomme 99 % de l'énergie absorbée par le cerveau, et apparaisse donc avec force dans toutes les machines à imagerie corticale, observer ce « fonctionnement par défaut » n'est techniquement possible que depuis peu et ouvre des boulevards de questions nouvelles. L'équipe de Bernard Mazoyer traque le sujet sans relâche. Il se dégage de ces travaux une sorte d'inconscient cérébral – le professeur préfère parler de « non-conscient » pour éviter le terme freudien. L'étude de ce non-conscient révèle l'existence de cinq réseaux de réseaux, dont la découverte semble ouvrir un vaste faisceau de pistes aux chercheurs : un réseau visuel ; un réseau porteur des autres entrées sensorielles ; un réseau dédié aux intentions, alertes et apprentissages ; un réseau de mémoire de travail (à très court terme) ; un réseau de mémoire épisodique (à long terme).

Des pistes prometteuses, mais qui ne conduisent pour l'instant à aucune explication globale. Ce non-conscient obéit-il à une logique d'ensemble ? Pour tenter de le comprendre, les chercheurs placent à l'intérieur d'un scanner IRMf des cobayes humains, qu'ils invitent à essayer de ne penser à rien – c'est-à-dire, au mieux, à méditer, ou, au minimum, à rêvasser et à laisser leur mental à la dérive. Leur fonctionnement cortical par défaut se laisse-t-il ainsi percer à jour ? Non, pour une raison toute simple, qui constitue un casse-tête pour les chercheurs : comment savoir ce que ressentent les personnes ainsi scannées quand elles « ne pensent à rien » ? Si on leur pose la question, elles entrent illico en fonctionnement conscient et l'expérience est ratée. Seule solution, les interroger après coup, en espérant que leur mémoire sera suffisamment subtile pour décrire ce qui se passait en eux au moment où il était censé ne rien s'y passer.

Au vu de leurs réponses, il semblerait qu'il y ait deux types de psyché humaine : les visuelles et les verbales. Et les verbales ont apparemment plus de pouvoir de plasticité volontaire que les visuelles. Mais cela ne nous dit pas vraiment à quoi ressemble, subjectivement, le fameux fonctionnement par défaut… même si, encore une fois, celui-ci occupe 99 % du travail de notre cerveau. Selon le Pr Mazoyer, parmi les pistes de recherche les plus intéressantes, menées en France et aux États-Unis, certaines tentent de déterminer si le « langage non conscient » qu'utilisent les différentes grandes zones du cerveau pour se parler entre elles repose sur des échanges d'images ou plutôt sur une grammaire et une sémantique. D'autres travaux semblent indiquer que, pendant le sommeil, se produisent des phénomènes oscillatoires venus de l'hippocampe, dans les structures profondes, et conduisant à consolider nos souvenirs. Mais cette consolidation ne correspond pas à ce que le bon sens commun nous suggère, puisqu'en somme, chaque fois que nous dormons, tous nos souvenirs se trouvent intégralement remodelés, modifiés, reconstruits !

Trois créateurs de réseaux neuronaux : l'imitation, l'émotion et la répétition

Une foule de facteurs entrent en jeu dans la formation des réseaux neuronaux qui portent notre mémoire, donc notre conscience et notre identité. Mais trois d'entre eux comptent plus que les autres : l'imitation, l'émotion et la répétition.

– L'imitation repose sur les neurones miroirs dont on a déjà parlé. Sans eux, nous ne pourrions ni entrer en empathie ni apprendre quoi que ce soit. Pour comprendre puis pousser à l'action, nos neurones copient ceux de nos parents, modèles, amours, amis… ou ennemis. Le Pr Jean-Michel Oughourlian, expert du processus mimétique, en fait le mécanisme central de la psyché.

– L'émotion s'avère jouer un rôle cortical de plus en plus important, à mesure que la recherche avance. Rien ne crée en nous d'aussi puissants réseaux neuronaux que ce qui nous émeut. Et les centres neuro-endocriniens contrôlant nos émotions (l'hypothalamus notamment) sont même considérés comme une sorte de « chef d'orchestre cérébral » par le neurologue américain Antonio Damasio.

– Enfin, aucun réseau neuronal ne pourrait se constituer si le facteur déclencheur ne se répétait pas des dizaines, des centaines, des milliers de fois. « Cela nous rend humbles, observe le psychothérapeute Thierry Janssen, car nos ancêtres le savaient déjà : il faut sans cesse se remettre à l'ouvrage pour apprendre, mémoriser, connaître, agir. »

Il se trouve qu'imitation, émotion et répétition constituent aussi la trame de notre vie affective et relationnelle. Ce n'est pas un hasard, notre cerveau est un organe éminemment social : seul, nous l'avons dit plusieurs fois, il ne pourrait ni vivre ni se développer.

« Le bonheur s'engramme », dit simplement le psychiatre Christophe André, qui précise : « L'avantage des émotions, c'est qu'on peut apprendre à les canaliser, à les apprivoiser. » C'est avec lui que nous allons mener notre prochain entretien.

Entretien avec Christophe André

« Les émotions se trouvent au cœur de la plasticité cérébrale »

Né en 1956, Christophe André est psychiatre à l'hôpital Sainte-Anne, à Paris. L'une de ses réussites est d'avoir contribué à introduire en milieu hospitalier la méditation parmi les outils destinés à résister à la dépression. Il s'est fait connaître en publiant L'Estime de soi, *avec son confrère François Lelord. Depuis, il a signé de nombreux ouvrages, qui ont tous été des best-sellers, dont* Imparfaits, libres et heureux, Les États d'âme[1] *et* Méditer jour après jour[2]. *Pratiquant enthousiaste de la « méditation de pleine conscience » inspirée des enseignements tibétains, il est proche du moine bouddhiste Matthieu Ricard, avec qui il explore les liens entre l'approche scientifique et l'approche spirituelle. Sur le plan clinique, il est spécialiste des troubles émotionnels, mais aussi des thérapies s'appuyant sur le pouvoir curatif de ces mêmes émotions. Il est un des promoteurs francophones de la psychologie neurocognitiviste, comportementale et humaniste.*

1. Odile Jacob, respectivement 1999, 2006 et 2009.
2. L'Iconoclaste, 2011.

Patrice Van Eersel : On parle de « neuroplasticité », de « neurones miroirs », d'« imagerie corticale par PET-scan » ou « par résonance magnétique nucléaire », etc. Toutes ces notions importent-elle pour un psychiatre entièrement dédié à la thérapie ?

Christophe André : Oui, et cela tient sans doute à mon parcours. Bachelier en 1973, j'ai fait mes études de médecine dans les années 1970 et j'ai été reçu interne en 1980. À l'époque, l'objectif de nos maîtres en psychiatrie était de se dégager à tout prix de l'emprise de la neurologie. On était alors en plein boum lacanien et toute une génération se lançait dans une psychiatrie très désincarnée, dominée par la psychanalyse, le verbe, la parole. On s'intéressait au mental, au psychisme, au rapport conscient-inconscient. Cela présentait des aspects passionnants mais, à mon avis, on négligeait beaucoup trop le corps, notamment le cerveau – les organes devenaient presque superfétatoires ! J'ai fait mes premiers pas de thérapeute avec le sentiment que notre approche de la psyché manquait gravement de chair. Je me suis alors formé à l'hypnose, à la relaxation. Je cherchais à intégrer le corps dans mes thérapies. Et je me suis senti beaucoup plus à l'aise quand, dans les années 1980, s'est imposé ce qu'on a appelé la « révolution cognitive », c'est-à-dire quand un certain nombre de laboratoires de psychologie ont commencé à s'intéresser à la façon dont le cerveau « produisait » de la pensée, consciente ou inconsciente. Ce rétablissement du lien entre notre cerveau et ses productions que sont les pensées me paraissait un retour au bon sens. Ce mouvement de retour vers le corps et vers la façon dont nos psychés s'y incarnent n'aurait certes jamais connu un tel succès si les chercheurs n'avaient pu s'appuyer sur de nouveaux moyens techniques d'évaluer, par ce qu'on nomme l'« imagerie cérébrale », à quels niveaux naissent nos intentions, se mobilisent nos souvenirs, interagissent nos émotions et notre volonté, etc.

Cette révolution cognitive s'est surtout déroulée en Amérique.

Oui, avec des Antonio Damasio[1], Benjamin Libet[2], Joseph LeDoux[3], Eric Kandel[4], etc., qui réfléchissaient aux interactions entre neurosciences et clinique. Le courant était moins puissant en France, malgré les visions de Jean-Pierre Changeux[5] ou Marc Jeannerod[6]. Aujourd'hui, des chercheurs francophones de haut niveau comme Pierre Magistretti[7] ou Jean-Philippe Lachaux[8] explorent très activement cette interface cerveau-pensée.

1. *Spinoza avait raison. Joie et tristesse, le cerveau des émotions*, Odile Jacob, 2003.
2. *Mind Time : The Temporal Factor in Consciousness*, Harvard University Press, 2005.
3. *Le Cerveau des émotions*, Odile Jacob, 2005.
4. *À la recherche de la mémoire. Une nouvelle théorie de l'esprit*, Odile Jacob, 2007.
5. *L'Homme neuronal*, Fayard, 1983.
6. *La Nature de l'esprit*, Odile Jacob, 2002.
7. *À chacun son cerveau. Plasticité neuronale et inconscient*, Odile Jacob, 2004.
8. *Le Cerveau attentif. Contrôle, maîtrise et lâcher-prise*, Odile Jacob, 2011.

Jusque-là, les psychiatres français ne tenaient pas leurs homologues américains en grande estime, les traitant de réductionnistes aux petits pieds...

Oui, sauf que les psychiatres américains travaillaient dur ! On avait beau dire que leur travail était réductionniste et mécaniciste, et que le cerveau était beaucoup plus compliqué et subtil que tous leurs schémas, les chercheurs d'outre-Atlantique répondaient sans se troubler : « C'est sûrement beaucoup plus compliqué, en effet, mais nous allons quand même nous intéresser à ce petit bout de matière grise, cette petite zone, ce microterritoire : par exemple, tenter de comprendre comment une grenouille voit passer une mouche et décide de se jeter dessus. À partir de là, nous grimperons en complexité et pourrons peut-être appréhender peu à peu le fonctionnement de l'humain lui-même. » Toute l'incroyable complexité de notre psyché est basée sur de la simplicité élémentaire qui s'agrège, qui entre en résonance, qui fusionne. Et finalement, le fait est là : je crois que les neurocognitivistes nous ont beaucoup plus éclairés sur le fonctionnement de l'esprit que les lacaniens, si brillants dans l'abstraction, mais négligeant de faire reposer leurs démonstrations sur l'expérience concrète et les preuves matérielles.

Bien sûr, cela s'est réfléchi dans les choix thérapeutiques des patients. Pourquoi le comportementalisme leur a-t-il finalement tant plu ? Par son efficacité pragmatique, qui revenait à dire : « Bien sûr, cette dépression, ces troubles phobiques, ces problèmes de personnalité sont complexes et présentent des tas de ramifications, à la fois dans le passé, le présent et la manière dont une personne anticipe son avenir. Mais si nous nous attaquons à ces problèmes complexes avec des outils eux-mêmes très compliqués et des ambitions très élevées, nous n'allons peut-être pas rendre un si grand service thérapeutique que cela. Ne vaut-il pas mieux, par exemple, commencer à apprendre à ce patient anxieux à respirer d'une certaine façon, à faire trente minutes de marche chaque jour, à diriger sa conscience d'une manière plus élargie, au lieu de seulement parler avec lui de sa souffrance ? » On s'est alors aperçu, dans de nombreux cas cliniques, que cela fonctionnait très bien, en tout cas beaucoup mieux qu'en suivant les approches exclusivement verbales et désincarnées prônées par la génération précédente.

Mais quand on passe de l'étude de quelques neurones à celle du cerveau entier, qui compte au moins mille milliards de cellules de différentes sortes, n'y a-t-il pas un saut d'échelle si grand que le réductionnisme échoue forcément à saisir la réalité ?

Une phrase de Paul Valéry répond à votre question : « Ce qui est simple est faux, ce qui est compliqué est inutilisable. » En psychologie, nous sommes toujours plongés dans un dilemme : d'un côté, nous savons très bien qu'en simplifiant, nous falsifions en partie la réalité, mais de l'autre, en ne simplifiant pas, nous nous mettons en position d'impuissance. Imaginons qu'un patient arrive à votre consultation en proie à un trouble panique, et que vous sachiez qu'il a des antécédents d'anxiété, qu'il a été séparé très jeune de sa mère, qu'il est hypocondriaque, etc. Que faites-vous ? Si vous lui dites :

« Nous allons d'abord vous apprendre à respirer, et à ouvrir votre conscience lorsque vous sentez arriver les attaques de panique », des experts en complexité seront en droit de vous rétorquer que votre approche est dérisoire par rapport au poids de l'histoire de cette personne. Seulement voilà : si l'énorme nœud de ses connexions cérébrales et tous ses souvenirs de pathologies, d'attaques de panique, de terreurs remontant à sa petite enfance représentent certainement un faisceau neuropsychologique d'une complexité redoutable, s'y attaquer globalement est impossible. Alors que faire ? Programmer des années de psychanalyse, pour éclairer et tenter de déchiffrer la complexité – ou croire le faire ? Cela n'aurait pas de sens, car cette personne a besoin d'une aide urgente. Heureusement, le modèle comportemental et cognitiviste est souvent efficace à court terme. On peut certes s'interroger ensuite : que s'est-il passé dans le cerveau de ce patient que nous sommes parvenus à apaiser durablement ? On pose des hypothèses ; on se dit qu'on a dû créer une sorte de nouveau réseau, une nouvelle façon de diriger les flux émotionnels : au lieu de s'écouler en grand torrent, ils ruissellent à présent par de multiples petites voies et ne dévastent plus la personne. Mais sur quoi ce mieux-être repose-t-il au niveau anatomique ? Quels efforts faire pour qu'il soit durable ? Nous devons encore travailler à tout cela. Les psychothérapeutes du XXIe siècle le comprendront peut-être aussi bien que les cardiologues du XXe ont compris ce qui se passait après traitement d'un infarctus du myocarde.

Bref, l'approche neurocognitiviste est devenue ma culture médicale. Je n'ai jamais rechigné à essayer d'aborder des problèmes complexes en les simplifiant.

Nous savons très bien qu'en réalité, nous ne faisons que procurer à nos patients le coup de pouce qui va leur permettre de réamorcer leurs capacités d'autorééquilibrage et d'autoréparation, qui existent chez tout individu et dont les processus nous échappent en grande partie. Souvent, il s'agit juste de redonner au patient de l'espoir, de l'optimisme, de l'aider à prendre conscience qu'il peut modifier son parcours, se changer lui-même. On met ainsi en branle la dynamique des cercles vertueux, qui fait peu à peu entrer la personne dans un registre différent. Autrement dit, les deux grandes forces de l'approche neurocognitiviste ont été, me semble-t-il, son pragmatisme et son humilité.

Peut-on dire que la plasticité neuronale se manifeste concrètement dans votre pratique ?

1992 est une date qui, selon moi, restera importante dans l'histoire de la psychothérapie. C'est l'année où le psychiatre américain Lewis Baxter Jr et son équipe ont prouvé, pour la première fois, qu'une psychothérapie modifiait la dynamique fonctionnelle du cerveau humain. Il a en effet réussi à montrer, images à l'appui, qu'un traitement par thérapie comportementale des patients souffrant de troubles obsessionnels compulsifs permettait de diminuer nettement les symptômes et la force des réseaux d'activation neuronale liés au TOC, notamment au niveau du noyau caudé droit et du cortex orbitofrontal. Cet effet était comparable à celui des médicaments. À partir de là, la psychothérapie ne pouvait plus être considérée comme un pis-aller ou un aimable bavardage, mais comme un soin à part entière. Toutes sortes d'études similaires ont alors pu s'enclencher un peu partout dans le monde, avec des résultats passionnants et encourageants. Je ne dis pas que retrouver une vie psychique équilibrée et heureuse est brusquement devenu facile. En tant que clinicien, ce que je retiens de toutes les recherches récentes, c'est que la neuroplasticité exige énormément de travail de la part du patient. Cela peut aller plus ou moins vite, mais dans tous les cas, réaménager les réseaux neuronaux revient à se remettre en apprentissage et c'est toujours un travail long et ardu. Il est très rare que l'on aille brusquement mieux, comme par déclic. De ce point de vue, la psychanalyse vulgarisée par le cinéma ou la littérature a semé beaucoup d'illusions. Il est rare que l'on prenne conscience de la source de nos souffrances dans un « flash » et que cela change d'un coup tout dans notre vie, comme suggéré dans certains films d'Hitchcock, par exemple *Pas de printemps pour Marnie*. Ce que la pratique m'a montré, ce sont plutôt des changements lents, et grâce à des efforts réguliers Moins poétique mais plus efficace…

La base de tout changement psychique et émotionnel durable et autoproduit (ne dépendant pas seulement des circonstances, mais pouvant au contraire leur résister), c'est la neuroplasticité : la survenue de modifications fonctionnelles des voies neurales. Et la base de la neuroplasticité, c'est la notion d'expériences et d'exercices inlassablement répétés. C'est dans la bouche de Matthieu Ricard que j'ai entendu pour la première fois le terme « entraînement de l'esprit », qui sous-entend que le cerveau est un organe semblable aux muscles, en ce qu'il exige qu'on le fasse régulièrement travailler.

C'est vrai pour la thérapie, mais aussi pour la prévention des troubles, par exemple par les exercices que proposent les praticiens de la psychologie positive qui nous invitent à apprendre à « savourer les bons moments ». Quand vous passez un bon moment, si vous avez appris à intensifier votre conscience de ce bon moment, vous l'engrammez dans votre cerveau de manière beaucoup plus puissante que si vous l'avez vécu et traversé sans y prêter beaucoup d'attention. Et vous pourrez ensuite retrouver cet état, même si le contexte environnant est devenu déplaisant. Toutes les nouvelles théories sur le bien-être et le bonheur reposent sur ce processus.

Pourriez-vous préciser ?

De temps à autre, le bien-être traverse nos vies. Si vous en prenez conscience et le savourez, autrement dit si vous vous rendez *présent* à cet instant, vous le transformez en un sentiment de bonheur beaucoup plus puissant, qui va laisser une trace profonde dans votre cerveau, où il se trouvera « câblé », « fixé », « enregistré » (ces mots sont approximatifs) quelque part dans vos réseaux synaptiques et neuronaux. Cette trace vous sera désormais disponible, comme un souvenir accessible qui pourra vous donner un influx de vitalité positive, quand le contexte devenu difficile l'exigera.

De nombreuses recherches corroborent cette vision, notamment celles du neuropsychiatre austro-américain Eric Kandel, qui a reçu le prix Nobel de médecine en 2000 pour ses travaux sur la mémoire. Kandel a fait faire dans son laboratoire des expériences sur la « sécurité apprise ». On connaissait déjà l'« impuissance acquise », grâce à Martin Seligman qui, avant de devenir le champion de la psychologie positive, avait montré qu'en mettant des animaux en situation d'impuissance (à l'aide de chocs électriques inévitables), ces malheureux se retrouvaient plongés dans une sorte de dépression durable : même si on les remettait ensuite dans un contexte agréable, ils demeuraient craintifs et déprimés ; ayant appris à être impuissants, ils avaient développé une vision du monde dépressive, et n'en sortaient plus. Cette expérience connaît heureusement son pendant : en habituant des animaux à se sentir bien et en sécurité en présence de stimuli sonores ou lumineux, on peut engrammer dans leur cerveau un sentiment de confiance tel qu'ensuite, même placés dans des situations difficiles, il suffira d'un déclic (le stimulus en question) pour faire revenir le souvenir du bien-être et ainsi leur donner une énergie redoublée pour se sortir d'embarras – par exemple pour traverser un bassin d'eau glacée. Une sorte de conditionnement pavlovien positif pouvant augmenter notre résilience…

Cela rappelle l'« ancrage », ce petit geste précis (par exemple se tenir le poignet gauche avec la main droite) que les sophrologues enseignent, pour retrouver d'un seul coup un sentiment de bien-être longuement expérimenté au préalable.

Oui, il y a de cela. La nouveauté, c'est que de gros laboratoires dotés de puissantes machines à imagerie cérébrale ont maintenant validé et démontré les intuitions de cliniciens pionniers en disant que ce processus se passe au niveau de l'hippocampe, ou dans les synapses de telle ou telle structure corticale. En psychologie, il faut se garder de négliger des outils simples, à la portée de n'importe qui, mais très efficaces, notamment dans leur aptitude à apaiser. Ils nécessitent un entraînement régulier, mais ne coûtent strictement rien. Il serait donc dommage de ne pas les utiliser davantage, car nous savons désormais de façon certaine qu'ils suffisent à modifier doucement l'architecture fonctionnelle de notre cerveau.

Votre travail de thérapeute vous a amené à travailler tout particulièrement le champ des émotions et de l'influence, positive ou négative, qu'elles exercent sur nos vies. Les flux émotionnels ne gouvernent-ils pas entièrement la structuration et le fonctionnement de notre cerveau ?

Oui, il y a clairement un grand retour des émotions dans le champ de la psychologie scientifique. Aujourd'hui, l'approche la plus convaincante consiste d'abord à rappeler que nous sommes équipés d'un certain nombre de « câblages émotionnels » déjà prêts à fonctionner quand nous venons au monde. Nos réseaux neuronaux, notamment dans les liaisons entre notre cerveau limbique et notre néocortex, sont génétiquement bâtis pour nous faire ressentir la peur et pour que celle-ci nous fasse agir dans une certaine direction. Même chose pour la colère, la tristesse, la joie et deux ou trois autres émotions de base que l'on peut sans hésiter qualifier de « naturelles ». Personne n'a besoin d'apprendre à être triste, ni à avoir peur, ni à se mettre en colère, nous sommes « équipés pour ». Évidemment, ces dispositions initiales de notre espèce sont ensuite modulées par les différences individuelles, familiales, sociales, culturelles, etc. Nos expériences de vie nous poussent à ressentir certaines émotions et à en réprimer d'autres. Dans une famille pleine de coléreux, je serai incité à ne pas contrôler ma colère, parce qu'il faudra que la mienne soit au moins aussi forte que celles des autres pour que je puisse exister. Dans une famille où beaucoup de gens sont tristes, j'aurai tendance à laisser s'exprimer ma tristesse à la moindre occasion – ou au contraire, par réaction, à surjouer artificiellement mes expressions de joie. Le travail psychothérapeutique sur les émotions consiste justement à réajuster toute cette dynamique émotionnelle, que le contexte a mise en place à partir de nos câblages émotionnels génétiques. De façon générale, nous avons grand mal à réguler nos flux émotionnels, nous basculons en « pilote automatique » dès qu'ils deviennent trop intenses, et nous ne contrôlons alors plus rien. Des émotions répétitives ravinent progressivement nos cerveaux, au sens propre comme au figuré, dans la mesure où les pistes neuronales qu'elles empruntent forment à la longue comme un réseau de ruisseaux, qui alimentent des rivières, qui nourrissent elles-mêmes des fleuves synaptiques. Ce ravinement peut devenir si puissant et violent qu'il nous submerge, comme nous le constatons chez nos patients qui ont des émotions pathologiques de dépression, de peur, de tristesse ou de colère.

Que faire en ce cas ?

Il est essentiel de redécouvrir que nous sommes traversés par des émotions de base et que celles-ci sont aussi naturelles que notre respiration, mais que les événements existentiels ont partiellement distordu notre façon de les ressentir et de les vivre. Tout aussi essentielle est la découverte, empirique et pratique, qu'il est possible de moduler ces flux – et là, les techniques de pleine conscience sont précieuses.

Les émotions sont à la fois naturelles, spontanées, inévitables, mais aussi pour partie sous l'emprise de nos décisions et de notre volonté. Pour partie seulement, toute la subtilité étant de comprendre selon quel dosage. Nous savons bien désormais qu'il est inutile de chercher à fuir nos émotions négatives, qu'il faut plutôt les accueillir pleinement, mais apprendre aussi à les observer plutôt que de les subir, pour voir ce à quoi elles nous poussent, plutôt que de leur obéir aveuglément et de foncer tête baissée. En thérapie, comme en méditation, on s'aperçoit qu'il est possible d'apprendre à canaliser, à domestiquer, à chevaucher nos flux émotionnels. La métaphore que nous proposons souvent à nos patients est celle du marin, qui doit accepter que le vent aille dans telle direction et apprend pourtant à orienter sa voile de façon à garder malgré tout le cap vers ses propres valeurs. Il y a dans cette approche un côté très empirique. Quand vous travaillez sur le psychisme de vos patients, vous êtes souvent tel un explorateur du XVe siècle, s'engageant sur des territoires inconnus, muni de cartes plus que rudimentaires. Faut-il s'accrocher à telle technique ou à telle autre ? Les résultats concrets nous guident mieux que les grandes théories, mais le renfort d'études scientifiques solides est irremplaçable pour nous faire avancer – même si ces études n'abordent la complexité que de façon humblement réductionniste.

Venons-en à l'approche pour laquelle vous êtes aujourd'hui connu d'un très large public, cette méditation que vous aimez appeler « apprentissage de la pleine conscience »...

Si j'avais eu l'imprudence d'aborder un tel sujet à l'époque où j'étais encore interne, je me serais fait expulser du service instantanément ! Trente ans plus tard, cela ne pose plus aucun problème : nous avons de multiples études scientifiques ad hoc, des publications dans les revues les plus éminentes, des contrôles, des expertises... Bref, vous pouvez aujourd'hui sans souci ouvrir une consultation de méditation et d'entraînement attentionnel dans le cadre d'un CHU.

C'est ce qu'a fait par exemple Antoine Pelissolo, jeune professeur de psychiatrie à la Salpêtrière, à Paris, où il applique la technique de l'entraînement attentionnel aux patients qui ont des phobies pathologiques du rougissement[1]. Cette pathologie s'accompagnant d'un rétrécissement du focus, la personne est à 100 % focalisée sur deux questions : « Est-ce que je rougis ou non ? » et « Est-ce que les autres ont vu que je suis si mal à l'aise que je deviens plus rouge qu'une tomate ? » Plus rien au monde ne compte. Évidemment, plus vous vous focalisez sur tout cela et vous rougissez, plus les autres le remarquent et vous vous trouvez pris dans un cercle vicieux angoissant. Antoine Pelissolo demande alors à ses patients d'apprendre à élargir leur focus attentionnel. Il place la personne face à un public qui la regarde en silence. Le rougissement ne tarde pas à survenir, provoquant un grave malaise. La personne devient écarlate et

1. Cf. *Ne plus rougir et accepter le regard des autres*, avec Stéphane Roy, Odile Jacob, 2009.

voudrait disparaître. Mon confrère lui dit alors ceci : « Voilà, vous êtes en focalisation maximale sur votre problème. Ne cherchez pas à le chasser. Prenez conscience du fait qu'effectivement vous êtes très rouge et qu'effectivement il y a des gens qui vous regardent et voient que vous êtes tout rouge. C'est comme ça et nous n'y pouvons momentanément rien. Par contre, tout en hébergeant ces sensations très désagréables, essayez d'écouter les bruits autour de vous. Sans chercher à remplacer votre malaise par ces bruits, prenez-en juste conscience. Observez aussi comment vous êtes en train de respirer. Regardez aussi tous les détails de la pièce où nous sommes. Observez votre interlocuteur : ses vêtements, ses gestes, écoutez ses propos. Tout cela sans fuir les émotions désagréables que vous ressentez, mais en invitant d'autres éléments à votre conscience. » Autrement dit, le flot émotionnel est toujours là, mais il va peu à peu s'écouler de manière différente. Au lieu de se focaliser exclusivement sur son problème, la personne va progressivement ouvrir en elle de nouvelles voies, grâce à cet entraînement attentionnel, qu'elle est ensuite chaudement invitée à pratiquer de façon régulière, même quand tout va très bien. Une telle méthode fait que beaucoup de gens que des années de thérapie introspective n'ont pas réussi à guérir s'en sortent enfin, souvent de manière spectaculaire.

Je vous recommande d'ailleurs cet exercice, même si vous ne souffrez d'aucune pathologie de ce genre. Il s'agit simplement de se rendre le plus présent possible à l'environnement autour de soi. Dans le métro, le bus, une salle d'attente, en faisant la queue au supermarché, au lieu de consulter vos SMS ou de lire le journal, essayez d'être présent à ce qui vous entoure et vous atteint sensoriellement. Refaire régulièrement cette expérience est une forme de méditation, dont vous vous rendez compte au bout d'un moment qu'elle modifie peu à peu la manière qu'ont les émotions de s'écouler en vous. Selon toute vraisemblance, vous créez ainsi en vous-même de nouvelles connexions cérébrales, qui peuvent vous servir ensuite d'outil de dérivation de la peur, de la tristesse, de la colère, etc. Vous comprenez qu'il s'agit là d'explorations rudimentaires, dont on ne sait pas encore où elles vont nous conduire, mais cela nous donne déjà beaucoup d'énergie et d'espoir. On a ainsi pu montrer que ces techniques d'ouverture attentionnelle étaient un bon outil contre les ruminations : en cas de douleur psychique, mieux vaut respirer et ressentir son corps plutôt que cogiter.

Dans ce type d'expérience, en quoi le cerveau serait-il plus concerné que le reste du corps ? Toutes ces techniques ne commencent-elles pas par la respiration, donc par le souffle qui traverse d'abord les poumons ?

De Jon Kabat Zinn[1] à Zindel Segal[2], tous les psychiatres et neuropsychiatres qui ont introduit la méditation parmi les outils thérapeutiques de pointe utilisent la technique du « scan mental corporel », invitant leurs patients et élèves à passer en revue les différentes parties de leur

1. *Au cœur de la tourmente, la pleine conscience*, De Boeck, 2009.

2. *La Thérapie cognitive basée sur la pleine conscience pour la dépression*, De Boeck, 2006.

corps, pour les apaiser et pour découvrir que lorsque nous respirons, ce ne sont pas que nos poumons mais tout notre corps qui respire. Il s'agit de réhabiter son corps dans son intégralité. Plus les patients progressent, plus ils s'approchent de la notion de « conscience ouverte » (et non rétractée), ou de « pleine conscience » (et non limitée), plus ils se rendent compte que cette présence mentale ne peut être localisée à tel endroit du corps plutôt qu'à telle autre. Peu à peu, les frontières s'amenuisent, à la fois entre les différentes parties de moi, et aussi entre moi et le monde. C'est un aspect très étrange du travail de prendre conscience : plus la présence se précise, grandit, se renforce, moins elle nous personnifie ou nous individualise. Elle devient plutôt quelque chose de l'ordre d'une connexion, d'une ouverture, d'un élargissement.

Un corollaire de ce constat est l'un des premiers enseignements que l'on tire de la méditation de pleine conscience : si quelque chose me fait souffrir, plus je réussis à l'accueillir dans un état de conscience élargie, moins cette chose occupe proportionnellement de place en moi. Si je me focalise sur la douleur, celle-ci occupe 100 % de mon expérience de conscience ; si je parviens à faire coexister ma douleur avec l'observation que je fais de la neige qui tombe, de la musique qui joue, de la manière dont je respire, cette douleur va se fondre dans un ensemble plus vaste. Et là, une fois de plus, nous retombons sur la notion de neuroplasticité.

Par quel biais ?

L'élargissement progressif de la conscience ne se décide pas du jour au lendemain, par un effort de volonté.

Il s'apprend peu à peu, grâce à une pratique régulière, qui va certes impliquer le corps entier, mais qui ne saurait se passer d'une restructuration progressive des voies neuronales. Cet entraînement est indispensable. Il n'est pas difficile en soi, je dirais même qu'il est très accessible. Ce qui est difficile, et même mystérieusement insurmontable pour beaucoup de gens, c'est de prendre la décision de le faire ! J'avoue que cette inertie me sidère souvent : voilà des techniques gratuites, faciles à mettre en œuvre et dont les résultats sont flagrants... et pourtant, quelque chose de fantastiquement puissant semble paralyser beaucoup d'entre nous. Nous gaspillons cent fois plus de temps à surfer sur internet !

Qu'est-ce qui nous freine ainsi ?

C'est sans doute une vieille histoire, comme en témoigne cet aphorisme de Schopenhauer : « D'une manière générale, il est vrai que les sages de tous les temps ont toujours dit la même chose, et les sots, c'est-à-dire l'immense majorité de tous les temps, ont toujours fait la même chose, à savoir le contraire, et il en sera toujours ainsi. » Il y aussi Paul Valéry qui nous souffle une réponse moins pessimiste et moins critique : « L'esprit règne, mais ne gouverne pas. » Notre esprit conscient est comme le souverain d'une monarchie parlementaire, il incarne plus qu'il ne gouverne. Il est important, c'est le siège de notre identité personnelle, mais ce n'est pas lui qui prend la plupart de nos décisions. Tant de choses échappent à notre volonté ! Il faut humblement se mettre au travail, descendre au niveau de notre « peuple intérieur », c'est-à-dire faire des exercices pratiques. Vouloir décider est vain si l'on n'a pas longuement expérimenté au préalable.

C'est pourquoi nous assistons à un tel retour en force des thérapies qui, de l'EMDR à la pleine conscience, font appel aux sensations corporelles. On s'aperçoit d'ailleurs que certains avant-gardistes l'avaient prédit il y a déjà longtemps, que l'on avait parfois injustement ignorés ou moqués. On m'a récemment rappelé que le médecin suisse Roger Vittoz, dont la méthode est devenue fameuse, avait pratiquement tout compris, il y a plus d'un siècle : il invitait à se centrer sur une expérience sensorielle précise, à élargir sa conscience, etc. C'est vrai de nombreuses autres méthodes, de la *gestalt* d'Ehrenfels à la thérapie primale de Janov – ou de la méthode Coué ! Ces pionniers souvent critiqués ne disposaient hélas pas de nos techniques d'investigation et d'imagerie pour justifier leurs thèses. Souvent aussi, bien sûr, la personnalité à la fois géniale et mégalomane du fondateur fait que les disciples s'interdisent de rechercher des soubassements scientifiques possibles aux idées du maître, et se contentent de répéter le discours et la technique, si bien que finalement ils se retrouvent coincés dans une impasse évolutive purement dogmatique. Même si l'intuition de départ était lumineuse.

Quand vous dites : « Notre esprit est là, mais ce n'est pas lui qui prend les décisions », faites-vous référence, par exemple, aux expériences neurologiques de Benjamin Libet, qui démontrent que quelques millisecondes avant que nous prenions une décision, celle-ci est en réalité déjà prise, par une instance corticale dont nous n'avons pas conscience ?

Absolument. Cela pose la question de la nature de la conscience. Tout se passe comme si une « préconscience » préparait le travail pour moi. Nous passons nos journées à accomplir des tâches pour lesquelles nous avons été formatés. Nous sommes en grande partie déterminés par des mécanismes qui déroulent leur logique à notre insu. Des mécanismes inconscients dont l'intelligence est d'ailleurs souvent remarquable.

Cela dit, je ne réponds pas à la question « Qu'est-ce que la conscience ? ». D'Antonio Damasio[1] à Christopher Frith[2] ou Christof Koch[3], de nombreux neuroscientifiques cherchent aujourd'hui à mêler leurs voix à celles des philosophes qui, depuis des siècles, dissertent sur ce sujet insondable. Je lis moi-même leurs différents travaux, en essayant de les suivre et de les comprendre (ce qui demande des efforts et du temps !). Ils ne sont évidemment pas tous d'accord. La grande majorité des scientifiques contemporains se reconnaît dans le paradigme matérialiste et estime que c'est le cerveau qui « produit » la conscience. Mais, sans récuser ce paradigme, certains se demandent si la conscience ne serait pas un état de la matière universelle, au même titre que l'espace-temps, la masse ou l'énergie. Autrement dit, la conscience serait-elle « quelque chose » qui existerait indépendamment de la condition humaine et à quoi celle-ci ne ferait qu'accéder, ou se connecter ?

---

1. *Le Sentiment même de soi. Corps, émotions et conscience*, Odile Jacob, 1999.
2. *Comment le cerveau crée notre univers mental*, Odile Jacob, 2010.
3. *À la recherche de la conscience*, Odile Jacob, 2006.

Cela fait penser à la vision bouddhique, où la conscience nous traverse passagèrement. Alors que dans la vision occidentale classique, l'ego individuel pense pouvoir s'approprier le phénomène et dire : « Je suis conscient »... Ne serait-il en fait qu'une antenne éphémère, captant provisoirement un champ qui le dépasse ?

Ces idées sont séduisantes, bien que totalement indémontrables. Elles auraient le mérite d'expliquer ces « sentiments océaniques » dont parlait Romain Rolland à Freud et que l'on atteint parfois quand on fait des exercices de méditation – ou simplement quand on est intensément présent au monde. Ce sentiment d'être connecté à quelque chose d'autre qui nous transcende, à une sorte de conscience universelle à laquelle tout se rattacherait. Un peu à l'image de la noosphère du penseur chrétien Teilhard de Chardin…

La plupart des neurologues et psychiatres contemporains ne récuseraient-ils pas de telles idées comme dangereusement mystiques ?

Oui, et c'est très bien ainsi ! Pas de problème avec de telles réticences ! C'est important que la communauté scientifique reste attachée à son esprit critique. Je cultive pour ma part envers toute idée nouvelle ou dérangeante une attitude de scepticisme bienveillant : prudence et curiosité. En tout cas, beaucoup de gens intelligents et très bien équipés travaillent aujourd'hui sur ces thèmes qui ouvrent souvent sur des questions déjà abordées par la philosophie ou la religion. Il est très important, quand on est un soignant et qu'on est responsable de la santé d'autrui, de ne pas dire n'importe quoi à ses patients, de ne pas les perdre dans des spéculations fumeuses. C'est pourquoi tous les cliniciens intéressés par les questions dont nous parlons ici cherchent à se tenir au courant des multiples travaux en cours, dont la complexité nous dépasse – je crois qu'il n'y a pas grand monde aujourd'hui, dans l'univers des sciences ou de la psychologie, qui soit capable de connaître et maîtriser l'intégralité de toutes les recherches en chantier. Le flot de nouvelles connaissances est vertigineux. Nous allons sans doute devoir gérer, dans les années qui viennent, des données très bousculantes. L'interface cerveau-conscience constitue un champ dont les frontières vont beaucoup bouger. Je pense par exemple aux travaux sur les grandes fréquences de l'activité électrique gamma, que Richard Davidson et son équipe de neurologues de l'université du Wisconsin captent dans les cerveaux de Matthieu Ricard et de ses collègues en train de méditer. Quand ces moines bouddhistes, qui ont déjà médité des milliers d'heures, entrent en état de pleine conscience, leurs cerveaux se mettent très facilement en fréquences gamma. Les ondes gamma, enregistrées sur électroencéphalogramme, semblent bel et bien signaler un état de conscience très particulier, propice au recul et à la synthèse perceptive.

Pourriez-vous nous rappeler quelles ondes dégagent nos cerveaux d'humains ordinaires ?

Les fréquences alpha (de 8 à 13 hertz) sont associées à des états de détente, de relaxation légère, d'éveil tranquille, et les fréquences bêta (14 hertz et plus) à des états de concentration, d'activité volontaire, d'intention. Quand vous êtes au travail, votre cerveau est plutôt en fréquences bêta. Mais même au bureau, si vous fermez les yeux et respirez calmement, vous pouvez assez vite passer en ondes alpha. Il suffit que vous rouvriez les yeux pour instantanément repasser en bêta. À partir du fonctionnement en alpha, vous pouvez vous endormir. Les ondes delta (de 0,5 à 4 hertz) sont celles du mystérieux sommeil profond, sans rêve. Quand vous rêvez, vous repassez en fréquences bêta. Les méditants expérimentés connaissent les ondes thêta (de 4 à 7 hertz), qui correspondent à un état de relaxation profonde en plein éveil. Quant aux ondes gamma, elles atteignent au contraire de très hautes fréquences (au-dessus de 30 ou 35 hertz) et semblent témoigner d'une très grande activité cérébrale : celle des créatifs en pleine production… et celle des méditants de très haut niveau. Pour le moment, on ignore si ces ondes gamma sont spécifiques ou s'il s'agit d'ondes bêta plus rapides.

Que mesure au juste l'électroencéphalogramme ?

Il enregistre les conversations que se tiennent entre eux des milliards de neurones, et il fait la synthèse globale de l'incroyable tumulte électrique du cerveau. C'est un peu comme un télescope qui, de très loin, simplifie le tohu-bohu d'une galaxie en le réduisant à une figure simple. Le « bruit de fond » du cerveau est d'autant plus grand que nous sommes occupés à de multiples tâches. Il diminue lorsque, cessant toute activité, nous laissons la conscience émerger, sans autre objet d'observation qu'elle-même. Personnellement, je trouve géniale toute cette recherche sur l'entraînement de l'esprit. Je trouve enthousiasmant que des exercices simples, applicables quotidiennement, puissent enrichir mon cerveau – pour surmonter certaines souffrances aussi bien que pour vivre plus intensément.

J'avoue que je suis, d'une façon générale, un émerveillé. Je ne comprends pas, par exemple, cette peur du réductionnisme que ressentent certains, effrayés à l'idée qu'il risquerait de « désenchanter le monde ». Qu'il s'agisse des gènes qui déterminent nos caractères innés, ou des neurones dont le tissage engendre nos états intérieurs, ces découvertes me semblent fabuleuses et enchanteresses ! Je suis entièrement d'accord avec Antonio Damasio quand il dit : « Ce n'est pas parce que vous savez que le parfum d'une rose dépend de telles molécules que vous cessez d'être ému par ce parfum. » Je dirais même qu'au contraire, le fait de connaître les atomes et les molécules responsables d'une odeur sublime me rend encore plus admiratif de ces subtilités. Toutes ces découvertes récentes sur la neuroplasticité du cerveau me font encore plus aimer ma condition humaine. Comprendre comment notre cerveau fonctionne agrandit notre liberté, en nous offrant la possibilité de savourer intellectuellement ces merveilles. Et nos patients partagent bien souvent ce sentiment. Pouvoir expliquer à quelqu'un pour quelles raisons précises il souffre, savoir modéliser sa dépression ou sa phobie, je le constate à longueur d'année, cela soulage.

Vous avez consacré un livre à ce que vous appelez les « états d'âme », qui sont, pour vous, tous nos contenus de conscience mêlant des émotions et des pensées d'« arrière-plan », des sensations, des impressions, des feelings discrets, légers, en demi-teinte, qui n'ont l'air de rien, et qui pourtant nous influencent fondamentalement. Ne peut-on supposer un rapport étroit entre ces états d'âme, en mouvement permanent, et notre plasticité neuronale ?

Certainement. En réalité, les états d'âme fondent notre humanité. Le paradoxe, c'est qu'on ne leur accorde que très peu d'importance et je me suis aperçu qu'il n'existait quasiment pas de synthèses scientifiques sur eux. Et pas seulement parce que le mot « âme » est encore tabou. La psychologie contemporaine s'intéresse, à juste titre, aux émotions. C'est-à-dire aux *grandes* émotions, franches et entières : la colère. La tristesse. La joie… Quand une grande émotion nous habite, nous lui appartenons en entier, il n'y a momentanément place pour rien d'autre. Cela ne dure généralement pas. Les états d'âme, eux, sont des sortes d'émotions subtiles mais tenaces et influentes, qui durent des heures, des jours, des semaines ! Pour chaque grande émotion, il existe toute une famille d'états d'âme. Ce n'est pas la grande colère, mais le petit agacement, le vague énervement, la légère crispation, la moue de bouderie… Ce n'est pas la grande peur, mais le petit sentiment d'intranquillité, de souci, d'agitation, d'inquiétude… Ce n'est pas la tristesse abyssale, mais le soupçon de cafard, le petit coup de blues, le nuage de mélancolie. Et, de l'autre côté, ce n'est pas non plus le franc enthousiasme ni la joie éclatante, mais l'imperceptible euphorie, le sourire intérieur, la douce légèreté… Vues du dehors, ces sous-émotions peuvent sembler superficielles, voire dérisoires – et nous pourrions nous sentir gênés d'avoir à les exprimer. Vécues du dedans, elles sont incroyablement importantes. En réalité, l'essentiel de notre vie intime est fait d'un tissage d'états d'âme.

Prenez une journée type de votre vie, il y a finalement peu de moments où vous vous trouvez sous l'emprise d'une grande émotion forte. Alors que les petits sentiments et les petites turbulences vous touchent en permanence. Vous vous levez, votre humeur peut dépendre d'un rayon de soleil, d'une bribe de musique, d'une remarque minime de votre conjoint. Vous marchez dans la rue, vous voyez un mendiant, ses yeux, ses mains, ou un graffiti sur un mur, ou telle saynète de rien du tout, à peine entraperçue, tel échange de mots ou de regards, pendant une fraction de seconde, entre des inconnus que vous ne reverrez jamais… Vous continuez à marcher, l'air de rien, mais en vous, quelque chose est venu subrepticement se planter, qui va vous accompagner longtemps. Qui va peut-être donner sa couleur au reste de toute votre journée. Eh bien, ma théorie, c'est que ces états intermédiaires sont beaucoup plus révélateurs et constructeurs de notre personnalité que les émotions fortes. Quand quelqu'un est très en colère, ou totalement paniqué, ou affreusement triste, il se retrouve dans une forme d'aliénation répondant quasiment à un câblage génétique programmé pour toute notre espèce. Alors que quand il est dans ce que j'appelle un « état d'âme », il est habité par un phénomène psychique beaucoup plus complexe, où tous ses acquis, son expérience, sa culture entrent en jeu.

Comment définir la notion de « vie intérieure » ?

Sujet d'autant plus vaste qu'il échappe pour une grande part aux mots. C'est frappant quand vous faites pratiquer à des patients des exercices de méditation. Au fil du temps, à mesure que le groupe progresse, les gens vivent de plus en plus d'expériences très difficiles à restituer verbalement. Cela n'affaiblit pourtant pas la communication, au contraire, parce que parallèlement, on assiste à des phénomènes de résonance et de synchronisation, par exemple entre soignant et soigné, ou entre des personnes en train de discuter. Personnellement, je connais des résonances étonnantes quand je pars faire une retraite de quelques jours dans un monastère bénédictin. Je n'ai nulle part ailleurs un tel sentiment d'osmose ! Une sorte de transmission impalpable s'établit, provoquant un apaisement du corps et de l'esprit. Ce sont, là encore, des expériences de pure présence, de dissolution des frontières entre le moi et son entourage. On sent que l'on se dissout, qu'on n'est plus du tout accroché à son identité propre, mais qu'on est une présence poreuse et connectée. Cela peut dérouter des personnes peu habituées. Le sentiment de dissolution du moi peut même en paniquer certains. Mais lorsqu'on s'entraîne à connaître ces états, l'effet est au contraire très apaisant, comme si l'on marchait en toute sérénité… au bord du vide ! Une fois de plus, ces états de conscience sont très probablement liés à un certain type de fonctionnement cérébral qu'il nous appartient de mieux explorer et comprendre.

À vous entendre, l'avenir semble exaltant…

À la fois exaltant et inquiétant. Inquiétant entre autres du fait de la recrudescence des pollutions psychiques. Je considère par exemple la publicité comme un détournement de notre attention, un vol de notre vigilance. J'ai consacré un plein chapitre des *États d'âme* à ce que j'appelle la « société psychotoxique ». Comme leurs homologues chimiques, les polluants psychiques ne se remarquent pas tout de suite. Leur effet destructeur ne s'exerce que peu à peu. On n'en souffre pas immédiatement, mais leurs répétitions nous amputent d'une partie importante de nos capacités cérébrales, de notre aptitude à demeurer présents de façon continue. Je crois donc que nous allons découvrir la nécessité d'une écologie psychologique pour limiter ces pollutions. Le phénomène est déjà en marche. Prenez les citadins modernes : ils n'accomplissent quasiment plus de tâches physiques et risqueraient donc de régresser, par manque d'entraînement musculaire. L'engouement général pour les sports est survenu juste à temps pour pallier ce manque, si bien que nous sommes aujourd'hui, malgré les nuisances de la vie urbaine, en meilleure santé physique que nos ancêtres ruraux. Un processus inconscient sans doute similaire se met en place sous nos yeux, avec le succès grandissant de la méditation : comme nous sommes de plus en plus pressurisés, stressés – et passionnément entraînés dans un monde hyper-sollicitant –, un réflexe d'équilibrage fait que nous sommes aussi de plus en plus attirés par le besoin de ne rien faire, de nous arrêter, juste pour rester là, respirer en silence, concentrés sur le seul fait d'exister – ou sur la contemplation de la nature. Et que cela nous apporte énormément, une sorte de cure « détox » de nos cerveaux trop sollicités… Mais nous devrons aller encore au-delà en termes d'écologie de nos cerveaux.

Un autre danger me semble résider dans le développement des égoïsmes et du narcissisme : une récente étude révélait une véritable épidémie de narcissisme se développant depuis ces vingt-cinq dernières années. Or nous sommes profondément dépendants les uns des autres : si nous persistons sur cette voie égotiste, ce sera une catastrophe pour nos sociétés. Voilà pourquoi de nouvelles pistes de recherche sont ouvertes en psychologie et psychothérapie pour réintroduire en nous tous plus d'empathie et de bienveillance envers autrui. Au lieu de pousser les patients à ne s'intéresser qu'à eux, la psychothérapie de demain devra s'attacher à les aider à cultiver au mieux toutes les ressources du lien social. Là encore, nous sommes précâblés pour cela – évolution oblige –, mais nous avons à restaurer et entretenir ces capacités naturelles à l'altruisme que nos sociétés individualistes et matérialistes tendent à étouffer. Encore un chantier pour la neuroplasticité !

Quatrième partie

NOTRE CERVEAU RESTE UNE ÉNIGME

Si nos rêves s'écrivent à la seconde où nous nous réveillons, que fait notre cerveau avant ?

L'aspect le plus vertigineux, mais aussi le plus excitant, des nouvelles explorations sur le cerveau est l'immensité des territoires inconnus dont elles nous font entrapercevoir les contours. On se demande ainsi, par exemple, à quoi peut bien ressembler le « fonctionnement par défaut » dont parle le Pr Bernard Mazoyer, ce « non-conscient » qui absorbe 99 % de l'énergie nécessaire à notre cerveau et dont nous ne savons encore pas grand-chose. Selon quelle logique, quel langage, quels processus se déroulent 99 % du travail qui réorganise en permanence, mais de façon « secrète » parce que non subjectivable, tous les réseaux de nos souvenirs, de nos états d'âme, de ce que nous appelons notre « moi » ? Une façon originale d'appréhender la question nous est proposée par Jean-Pol Tassin, neurobiologiste au Collège de France et directeur de recherche à l'Inserm.

De quoi sont faits nos rêves ?

Prenons un exemple. Vous êtes en train de rêver que vous participez à la Révolution française. Entraîné dans toutes sortes de mésaventures, hautes en couleur, en joie et en terreur, vous finissez hélas sur l'échafaud et vous vous réveillez brusquement quand la guillotine vous tranche le cou. Un cri vous sort des tripes, qui vous fait vous redresser comme un diable hors de vos draps. Vous vous apercevez alors qu'un tableau fixé au-dessus de votre lit vient de se décrocher et vous est tombé dessus. Stupeur : ce serait cette chute qui, en une fraction de seconde, aurait engendré tout le scénario ? Comment serait-ce possible ? Que le contenu du scénario (en l'occurrence celui de la guillotine) puisse être ou non porteur de sens n'est pas ici la question. Une chose est sûre pour Jean-Pol Tassin : pendant les quinze ou vingt minutes de sommeil paradoxal qui viennent de s'écouler, quelque chose se passait bien dans votre cerveau, mais ce n'était pas un rêve et il n'était pas question de Révolution. Mais alors quoi ? Qui peut le dire ?

Ce que les neurologues croient savoir aujourd'hui, c'est que, pendant le sommeil paradoxal, le cerveau, libéré du contrôle conscient exercé par les lobes frontaux du néocortex, remodèle tout à sa guise les réseaux neuronaux. Ce remodelage a forcément toutes sortes de répercussions somatiques – musculaires, digestives, hormonales, respiratoires… – et des effets psychiques. À quoi ressemblait ce remodelage ? Vous seriez bien en peine de le dire. Tout ce à quoi vous avez accès, c'est à la traduction qu'en a faite votre moi conscient à la dernière seconde, c'est-à-dire à l'instant où le tableau vous est tombé dessus. S'adaptant en un éclair à ce contexte accidentel, à l'instant du réveil, votre cerveau a transposé le travail non conscient du remodelage (le « fonctionnement par défaut » du Pr Mazoyer) en un contenu cognitif explicite : une scène de la Révolution française.

Mais la chute du tableau n'est là que pour faciliter notre compréhension d'un processus auquel, selon Jean-Pol Tassin, tous nos rêves obéissent. Illustration parfaite de notre difficulté à nous figurer ce qui se passe réellement dans notre crâne : l'illusion serait de croire qu'il suffirait d'en observer les « outputs », autrement dit tout ce qui en sort – chimiquement sous forme de molécules, électriquement sous forme de tracés encéphalographiques, subjectivement sous forme de récit –, pour pouvoir appréhender la logique interne, le langage, bref, le fonctionnement effectif de notre cerveau.

Jean-Pol Tassin est un homme qui n'hésite pas à chahuter les idées reçues, même quand elles sont à la mode. Ainsi, parlant des techniques d'imagerie du cerveau qui ont permis la plupart des découvertes dont il est question dans ce livre, il nous met sur nos gardes : ces techniques sont d'une utilité évidente, mais elles pourraient facilement susciter de nouvelles illusions dans l'esprit des non-connaisseurs. Ainsi, les jeux de couleurs très contrastées, qui font de ces images de véritables œuvres d'art, nous donnent volontiers l'idée qu'il y a dans le cerveau des zones très précisément délimitées, remplissant des rôles distribués de façon rigide, comme dans les visions localistes de la fin du XIXe siècle, alors même que la nouveauté apportée par l'approche « plastique » du cerveau consiste à montrer que pour quasiment n'importe laquelle des opérations corticales, ce sont de multiples zones qui entrent en interaction. « En réalité, explique Jean-Pol Tassin, ces forts contrastes de couleurs sont arbitraires. Il suffit de demander à l'ordinateur de passer du rouge au vert quand on grimpe, par exemple dans la consommation d'oxygène, d'un indice 100 à un indice 101,5. Pour le spécialiste, cette différence de 1,5 % a un sens – celui d'une modulation graduelle –, mais ce n'est pas le sens que s'imagine l'esprit candide… ou le journaliste, toujours avide d'informations spectaculaires, mais risquant ainsi de tomber dans une nouvelle vision mécaniste du fonctionnement cortical. »

Le rôle des neuromédiateurs

La spécialité de Jean-Pol Tassin est la neurobiologie de l'addiction. On sait que la cocaïne, l'héroïne, les amphétamines, la morphine, le cannabis, mais aussi le tabac et l'alcool, envoient dans nos neurones, via le système sanguin, des molécules qui s'immiscent dans le fonctionnement des synapses. Ces nano-espaces entre les cellules nerveuses abritent les allers-retours ultrasophistiqués de la bonne centaine de neuromédiateurs existants, de l'adrénaline à la sérotonine, de l'acétylcholine à la dopamine, qui modulent tous nos états intérieurs, pulsions, émotions, décisions, inhibitions, sentiments et états d'âme. Des drogues différentes exercent différents types d'influence, aussi bien sur les vésicules qui libèrent ces neuromédiateurs depuis la membrane du neurone amont que sur les récepteurs qui les accueillent à la surface du neurone aval – ou qui les recapturent dans la cellule de départ. Mais le résultat est toujours le même : finalement, l'effet de toutes les drogues est de libérer de la dopamine. Celle-ci vient stimuler artificiellement le « circuit de la récompense » qui, dans le cerveau, nous procure la sensation de plaisir – ce pour quoi l'être humain aime se droguer… Notre propos n'est pas ici de parler de ce circuit, ni du plaisir, ni de l'accoutumance, mais du fait que la libération de molécules de dopamine dans les fentes synaptiques rejoint un phénomène bien plus vaste que la prise de psychotropes. La dopamine est le neuromédiateur que les synapses libèrent à la fin d'un très grand nombre de processus, si bien qu'on lui a attribué une importance capitale sans toujours comprendre la cascade de réactions qui se déroulait avant qu'elle n'intervienne. C'est ce que Jean-Pol Tassin appelle avec humour le « drame de la dopamine »…

Pour tenter de nous faire comprendre de quoi il retourne, le neurobiologiste nous apprend que son travail l'a amené à diviser le fonctionnement du cerveau en deux parts très inégales, l'une à 99 % et l'autre à 1 %. Précisons que ces pourcentages désignent cette fois des quantités de neurones et non de consommation d'énergie, comme dans la présentation de Bernard Mazoyer. La coïncidence entre ces deux rapports 1/99 est fortuite – même si, dans les deux cas, le raisonnement concerne l'immensité de notre inconscience.

Son travail a donc fait aboutir Jean-Pol Tassin à deux réseaux neuronaux. Appelons le premier « réseau de base » : il concerne environ 99 % des neurones. Ce réseau traite toutes les opérations de la vie : réceptions sensorielles, motricité, décisions, volonté, mémorisation, etc. Le second réseau ne compte que 1 % des neurones, voire

0,6 %. Il est superposé au premier, dans un arrangement anatomique spécifique, qui part du mésencéphale : c'est le « réseau modulateur ». Sa mission est d'orienter en permanence toutes les opérations du grand réseau de base : à chaque instant, en effet, selon ce que l'on est en train de vivre, nos neurones modulateurs doivent décider vers quelles structures et quels réseaux de notre cerveau dispatcher lesdites opérations, de la façon la plus adaptée à la situation. Mission capitale : selon les circonstances, le réseau modulateur peut décider d'affecter telle tâche corticale au « cerveau cognitif lent » – et on en aura conscience, on pourra en parler, le mémoriser, etc. –, ou bien la tâche sera confiée à des instances inconscientes, d'une façon que Jean-Pol Tassin décrit comme « analogique rapide » – et, par définition, l'opération se déroulera à notre insu ou de façon instinctive.

Exemple simple : on peut respirer sans y penser, donc en analogique rapide ; on peut le faire de façon volontaire et notre respiration entre alors dans le champ de notre cerveau cognitif lent. Exemple plus sophistiqué : la voie basse de l'intelligence relationnelle, dont nous parlions à propos des neurones miroirs et des neurones en fuseau, traite les informations de façon ultrarapide et analogique, comme un réflexe instinctif de survie (pour réagir à un éventuel danger) ; la voie haute traite les mêmes informations en les confrontant à la mémoire, à la sensibilité, à la volonté, etc., bref en passant par le cerveau cognitif lent.

Les neurones modulateurs, qui décident que le traitement des opérations corticales se fera par l'une ou l'autre de ces voies, se divisent en trois grands groupes, respectivement gouvernés par trois neuromédiateurs : la noradrénaline, la sérotonine et la dopamine. Quand une donnée entre dans le cerveau, avant de savoir à quel réseau elle sera confiée, elle commence toujours par être traitée par les neurones modulateurs fonctionnant à la noradrénaline et à la sérotonine, qui lui attribuent un « sens », avant de passer le relais aux neurones qui fonctionnent à la dopamine, qui l'orientent vers telle ou telle structure en fonction de ce sens. En réalité, les neurones modulateurs dopaminergiques n'ont quasiment pas le choix : constituant le dernier maillon de la chaîne, ils sont esclaves des neurones modulateurs noradrénalinergiques ou sérotoninergiques, qui ont décidé en amont. Ils n'ont donc aucune autonomie, sauf que, comme ce sont eux qui interviennent en dernière instance, juste avant que l'opération psychique soit dispatchée, voilà plus de trente-cinq ans (depuis 1975) que les neurologues attribuent un rôle clé à la dopamine et aux neurones modulateurs qui sécrètent ce neuromédiateur. Un rôle exagéré...

« C'est ainsi, explique Jean-Pol Tassin, qu'on a pu voir le déficit en dopamine cité comme déterminant dans l'accoutumance aux drogues ou dans la persistance de la dépression, et l'excès de dopamine comme déclencheur de la schizophrénie. La dopamine remplit certes des fonctions formidables dans le fonctionnement du système nerveux central (elle est notamment impliquée dans le contrôle des mouvements et sa disparition fait apparaître les tremblements caractéristiques de la maladie de Parkinson), mais ces fonctions ne sont pas toujours celles qu'on croyait, pour la bonne raison que tous les problèmes d'une chaîne de transmission ne viennent pas forcément du dernier maillon. »

Un fabricant d'histoires prodigieux... et mystérieux

Globalement, le rôle des neurones modulateurs est évidemment crucial. Schématiquement, s'ils sont défaillants, la personne ne peut plus compter sur son cerveau cognitif lent, qui comprend sa mémoire et son intelligence. Elle a donc tendance à ne fonctionner qu'en « pilote automatique », c'est-à-dire de façon analogique rapide. Du coup, par exemple, tous les visages se mettent à se ressembler, ou à se mélanger. Comme dans un rêve...

C'est que, lorsque nous nous endormons, le système modulateur de nos neurones noradrénalinergiques et sérotoninergiques cesse de fonctionner (sinon, c'est l'insomnie garantie). Le cerveau cognitif lent est alors mis hors circuit et toutes les informations se trouvent traitées de façon analogique rapide. C'est le sommeil paradoxal. Un état cérébral dont Jean-Pol Tassin pense que nous ne pouvons pas dire ce qu'il s'y passe subjectivement. Ne dit-on pas, notamment depuis les recherches de Michel Jouvet sur le sommeil, que c'est le temps du rêve ? « Non, répond Tassin avec une quasi-certitude, le rêve ne peut survenir qu'au moment où vous vous réveillez. Pourquoi vous réveillez-vous ? Parce que vos neurones modulateurs se sont remis à fonctionner, ne serait-ce qu'une fraction de seconde (ils font cela pour assurer leur survie, car n'oublions pas qu'un neurone qui ne fonctionne pas meurt rapidement, notre sommeil est ainsi constellé de micro-réveils neuronaux de survie). Que se passe-t-il alors ? Le cerveau cognitif lent se réveille, même très brièvement, et en une fraction de seconde, il fabrique une histoire – à raison d'une image par cinq centièmes de seconde, le cerveau peut vous envoyer toute une histoire en un rien de temps. Dites-vous qu'en quatre images, un cartooniste peut vous camper un scénario – le cerveau cognitif lent se charge de combler les vides ! »

Mais alors que penser des gestes que fait une personne endormie ? Ne correspondent-ils pas à une scène de rêve qu'elle est en train de vivre ? Non, répond à nouveau Jean-Paul Tassin, ces gestes sont sans doute à mettre en rapport avec le fonctionnement par défaut, par lequel le cerveau réorganise en permanence toutes ses pistes neuronales, mais rien ne dit qu'une personne dont les jambes s'agitent soit en train de rêver qu'elle marche ou qu'elle court. Si vous la réveillez brusquement, si elle se souvient de quelque chose, ce sera très probablement de tout autre chose. Et de toute façon, cette autre chose aura été inventée, en un flash, à l'instant où vous l'avez réveillée.

Autrement dit, nous en restons à l'énigme par laquelle ce chapitre a commencé : si le scénario de nos rêves s'écrit à la seconde où nous nous réveillons, que se passe-t-il, subjectivement, pendant le sommeil paradoxal ? Non seulement on ne le saura peut-être jamais, mais la question n'a sans doute aucun sens. Ce qui pose aussitôt une autre question, de fond celle-ci : l'approche scientifique est-elle la meilleure façon d'appréhender cette réalité étrange que nous portons entre les deux oreilles et qui s'appelle un cerveau ?

L'entretien suivant, mené avec l'ex-chirurgien devenu psychothérapeute Thierry Janssen, va justement nous mener à nous interroger sur ce point.

Entretien avec Thierry Janssen

« S'entraîner sans relâche à la curiosité, la fluidité, la cohérence »

Né en 1962, Thierry Janssen a pratiqué la chirurgie jusqu'à l'âge de trente-six ans. Estimant que la médecine moderne était sourde à la quête de sens qui se cache derrière nos maladies, il abandonne alors sa carrière d'urologue à l'hôpital universitaire Érasme de Bruxelles. Après un parcours jalonné de rencontres et de formations diverses, il devient psychothérapeute. Auteur de plusieurs ouvrages devenus célèbres, dont La Solution intérieure *et* La maladie a-t-elle un sens ?[1]*, il fait preuve d'un talent remarquable pour proposer une synthèse entre les acquis de la science et les intuitions de la philosophie et de la spiritualité, concernant le corps, les émotions, les croyances, les pensées. Son ouvrage le plus récent,* Le Défi positif[2]*, dresse un tableau pragmatique du potentiel éminemment lumineux qui réside en chacun de nous.*

---

1. Fayard, respectivement 2006 et 2008.
2. Les Liens qui libèrent, 2011.

Patrice Van Eersel : Vous avez étudié la médecine entre 1980 et 1986. Vous parlait-on de « plasticité corticale » ou de « neurones modulateurs » à l'université ?

Thierry Janssen : Non, jamais. La neurophysiologie qu'on nous enseignait était purement anatomique : elle décrivait les aires du cerveau et les fonctions que chacune remplissait, un point c'est tout. Nous n'avions pas de vision dynamique globale du cerveau. Cette avancée révolutionnaire date seulement de ces vingt dernières années. On savait certes depuis toujours que la mémorisation d'un geste ou d'un texte exigeait qu'on le répète de nombreuses fois, mais on ne disposait d'aucun élément permettant de démontrer que cela correspondait à un phénomène de modelage des circuits neuronaux, ni que ceux-ci demeuraient malléables bien après l'enfance. Du coup, la question était tout bonnement ignorée. Le processus de recherche fonctionne suivant la loi du réverbère : on ne cherche que dans la zone éclairée, où l'on sait qu'on a une chance de trouver quelque chose. À partir du moment où la plasticité a été découverte, on s'est intéressé à tous les faits, évidents et quotidiens, qu'elle explique sans conteste. Sans plasticité, aucun apprentissage ne serait en effet possible, c'est une lapalissade. Encore faut-il se poser la question. Le fait est qu'on se la pose désormais avec intensité, mais c'est très récent. Que nous disent les spécialistes de cette fameuse plasticité ? Que les connexions dendritiques de nos neurones ne cessent de fabriquer de nouvelles synapses, et d'en dissoudre d'autres. Quand on a besoin d'apprendre quelque chose de neuf, certains circuits se créent. Quand on n'en a plus besoin, ils sont abandonnés et dépérissent, puisqu'un circuit neuronal a besoin d'être sans cesse réactivé pour pouvoir subsister.

Vous qui avez été un chirurgien réputé, médecine éminemment charnelle, et qui êtes devenu psychothérapeute, donc confronté à des appareils purement psychiques, comment vous figurez-vous l'articulation entre la conscience et le cerveau ?

Je pense que ce n'est pas un hasard si nous nous posons ces questions aujourd'hui, en pleine révolution informatique. Nous entrons en effet dans un monde nouveau, dominé par le paradigme de l'information, et nos ordinateurs nous offrent un modèle métaphorique idéal pour commencer à comprendre comment une information peut se transmettre. Dans notre cerveau, l'information circule en gros de deux façons : électriquement à l'intérieur de chaque neurone, chimiquement pour passer à travers la synapse qui relie deux neurones. Mais au-delà des électrons du courant électrique intraneuronal et des molécules neurotransmettrices interneuronales, il y a quelque chose de plus basique : le bit, l'unité d'information. À la base, notre psyché est fondée sur des flux d'information. Les différentes aires réceptrices du cerveau sont conçues pour traiter ces flux. Par exemple, le flux d'information venant des yeux est acheminé vers l'aire visuelle du cerveau, qui est apte à le transformer en une représentation visuelle. En fait, la plasticité joue dans les deux sens : la fonction crée l'organe, mais on peut dire aussi que l'organe crée la fonction. Si mes yeux ne fonctionnent pas, si ma rétine ou mon nerf optique sont détruits, nous savons aujourd'hui que l'on peut véhiculer des bits d'information lumineuse, via d'autres capteurs, par exemple tactiles, en direction de l'aire visuelle du cerveau, qui s'arrangera pour me donner une représentation visuelle quand même. C'est ainsi que l'on a pu aller jusqu'à faire en sorte que des aveugles « voient » par le sens du toucher.

Modérons cependant ce propos un peu euphorique par une indispensable humilité : si l'aire visuelle cesse de fonctionner dans le cerveau, il n'y aura plus de représentation visuelle, quelle que soit la voie sensorielle choisie. Il ne faudrait pas que s'installe un nouveau mythe de toute-puissance, qui voudrait que notre cerveau soit adaptable à l'infini. Cela créerait de faux espoirs et de graves désillusions. N'ouvrons pas la porte à des promesses illimitées. D'abord parce que chacun de nous est unique : telle personne frappée de paraplégie va réussir à récupérer toutes ses fonctions, et telle autre restera paralysée. Pourquoi ? Tellement de facteurs entrent en jeu…

On dit que c'est beaucoup une question de volonté.

Il ne s'agit pas non plus de culpabiliser quelqu'un qui ne s'en sortirait pas, malgré toute sa bonne volonté. Cela dit, il est exact que tout travail d'apprentissage – et la rééducation en est un – demande beaucoup d'efforts, une discipline, de la régularité, de l'opiniâtreté, etc. Tel un paysan qui creuserait son sillon toujours plus profond, la personne qui apprend doit répéter encore et encore, pour conforter ses voies synaptiques. Et c'est ardu. Prenez un sportif à son entraînement, ou un musicien concentré sur son instrument : seule une répétition assidue leur permet de faire fusionner, dans leur cerveau, les aires motrices des muscles commandant leurs jambes sur la piste ou leurs doigts sur le clavier. Régularité et constance sont indispensables. Les pianistes comme les sauteurs à la perche savent très bien que s'ils arrêtent de s'entraîner pendant quelques mois, le niveau de leur performance baissera. Il est vrai aussi qu'une fois certaines voies neuronales installées, elles ne s'effacent plus : quand on a appris à monter à vélo, c'est pour la vie. Et les grands maîtres du tir à l'arc ont à ce point inscrit leurs gestes dans leur matière grise qu'ils peuvent envoyer leur flèche dans le mille même les yeux fermés. Mais au préalable, cela leur a demandé des milliers d'heures d'entraînement.

Si on sait tout cela depuis des millénaires, on ne sait l'expliquer de façon neuronale que depuis les toutes dernières années du XXe siècle. Parmi les études les plus frappantes figurent celles qui concernent le cerveau des grands méditants. L'équipe du Pr Richard Davidson, de l'université du Wisconsin, à Madison, a observé, par électroencéphalogramme et par IRMf, les cerveaux de personnes ordinaires et les a comparés à ceux de moines et de nonnes ayant déjà médité pendant au moins dix mille heures. Plusieurs différences flagrantes leur sont apparues, notamment celle-ci : quand on les soumet à des situations à fort contenu émotionnel négatif (en leur montrant par exemple des vidéos tragiques), tout le système neuro-immuno-endocrinien des personnes ordinaires se trouve ébranlé. Leur cortex préfrontal droit s'active intensément, ils éprouvent des émotions désagréables comme la peur, l'anxiété et la colère, accompagnées d'une augmentation de la sécrétion d'adrénaline et de cortisol qui participe à ce que l'on appelle la

« réaction de stress ». Le système neuro-immuno-endocrinien des moines entraînés à la méditation reste beaucoup plus stable, avec notamment un maintien de l'activité de leur cortex préfrontal gauche.

Ce qui signifie ?

Nous savons que le cortex préfrontal gauche est plutôt en lien avec la gestion des émotions dites « agréables », alors que le cortex préfrontal droit gère davantage les émotions dites « désagréables ».

Je croyais que l'hémisphère droit était surtout synthétique et sensible, et le gauche analytique et calculateur...

Cela n'est pas contradictoire. Les études montrent que dans l'hémisphère droit, qui est le plus ancien en termes d'évolution, le cortex préfrontal se trouve associé à la gestion des émotions désagréables, qui sont autant de signaux d'alarmes datant de la préhistoire : le dégoût, la peur, la colère – toutes les émotions nécessaires à la survie en milieu hostile. En lien avec le cortex préfrontal droit, ces émotions désagréables vont stimuler le système nerveux sympathique qui nous met en état d'alerte et de tension pour réagir à ce qui a déclenché l'émotion désagréable – c'est pourquoi on l'appelle « système nerveux de stress » : il engendre la sécrétion d'hormones, notamment au niveau des glandes surrénales : l'adrénaline, qui va permettre au cœur de fournir l'effort nécessaire pour réagir à la situation et aux muscles la force nécessaire pour cette même tâche ; le cortisol, qui va préparer le système immunitaire à une éventuelle agression. Cet ensemble de réactions est a priori bien supporté par l'organisme, mais seulement à condition d'être bref et de ne pas se répéter trop souvent ; sinon, il finit par user, fragiliser, dérégler toute la physiologie du sujet, le prédisposant à toute une série de pathologies. À l'inverse de ce système de survie, le cortex préfrontal gauche, plus récent en termes d'évolution, fait partie du demi-cerveau qui nous permet de prendre du recul, de mettre en perspective, d'analyser et de relativiser les situations. Moyennant quoi c'est ce cortex préfrontal gauche qui gère les émotions agréables : l'enthousiasme, l'émerveillement, la joie, qui stimulent le système nerveux parasympathique, dont la fonction est de nous détendre, nous relaxer, récupérer nos forces et régénérer nos défenses immunitaires.

Pour en revenir à nos moines, étudiés sous scanner à l'université du Wisconsin, on a donc constaté que ceux qui avaient médité au moins dix mille heures supportaient les émotions désagréables, tout en gardant leur cortex préfrontal droit au repos et leur cortex préfrontal gauche actif. Et quand, après l'expérience, on a pratiqué sur eux un vaccin pour tester leur système immunitaire, on a constaté qu'ils produisaient davantage d'anticorps. Tout simplement parce qu'ils avaient conservé des défenses immunitaires de meilleure qualité que les personnes qui n'avaient pas médité.

Un bon scientifique peut-il tirer de tout cela une conclusion ? Pas directement, parce qu'il se pourrait que ces moines aient un cerveau génétiquement structuré d'une façon particulière et que ce soit justement cela qui les ait amenés à devenir moines. Ils auraient alors une sorte de propension à méditer, et ce ne serait donc pas parce qu'ils ont médité qu'ils auraient ce cerveau-là.

L'objection est recevable. En science, il faut émettre toutes les hypothèses. L'équipe du Pr Davidson a donc été plus loin : elle a comparé les cerveaux de moines ayant médité dix mille heures à ceux de moines ayant médité quarante mille heures (cela existe), et ils ont constaté que face à ces situations qui, d'habitude, déclenchent des émotions désagréables, ces super-champions de la méditation activaient encore davantage leur cortex préfrontal gauche, généraient encore plus facilement d'émotions agréables et avaient un système immunitaire encore plus résistant que celui de leurs homologues n'ayant médité que dix mille heures. Il semble donc qu'il y ait bien une relation de cause à effet entre la pratique assidue de la méditation et l'obtention d'une aptitude à générer davantage d'émotions positives et à avoir de meilleures défenses immunitaires, même quand le contexte devient négatif. Comment ? Pourquoi ? Avant de connaître les processus de la plasticité neuronale, on n'aurait pas su expliquer cela. C'est passionnant sur le plan intellectuel, mais surtout nous savons désormais de façon certaine que nous disposons tous de la capacité d'inverser les effets dévastateurs d'un contexte émotionnellement négatif.

À condition de méditer d'abord quelques milliers d'heures !

Sans pousser si loin, il est clair que cette façon d'utiliser la plasticité neuronale demande un entraînement rigoureux. Ce n'est pas en consommant des pilules, ni en lisant des livres que l'on peut tracer en soi de nouvelles voies neuronales. Mais on y arrive efficacement en méditant.

Entretien avec Thierry Janssen

Comment définiriez-vous l'acte de méditer ?

Pratiquer régulièrement la méditation revient à apprendre à rester dans l'instant présent, en témoins de ce que nous sommes en train de penser ou de ressentir, mais sans nous laisser entraîner dans l'action de penser. On peut continuer à éprouver des émotions, mais sans laisser la pensée s'emballer en mode réflexif. Au début, c'est très difficile. Nous avons tant d'images et de pensées qui nous traversent en permanence. Une pensée en entraînant une autre, la succession nous emmène dans un voyage intérieur incontrôlable, généralement dans un sens catastrophiste. Pourquoi ? Initialement, c'est sans doute, là encore, par instinct de survie : dans les crânes de nos ancêtres préhistoriques, le système a dû être conçu pour qu'ils n'oublient jamais tous les dangers possibles. Aujourd'hui, c'est surtout démoralisant et il faut apprendre à s'en défaire.

Prenons un exemple. Vous commencez à méditer. Dans votre tête vous voyez passer et repasser la voiture rouge qui vous a surpris juste avant d'arriver à votre cours de méditation. Cela vous fait penser à votre grand-mère, dont le voisin a lui-même une voiture rouge. Ce qui vous amène à penser à votre propre voisin, qui a mis ses poubelles devant votre garage. Ce qui vous rappelle que vous avez oublié de descendre la poubelle en partant ce matin. La cuisine va donc sentir mauvais quand vous rentrerez. Il faudrait que vous téléphoniez à votre conjoint pour lui demander de sortir cette poubelle, etc. Eh bien, la méditation vous apprend à éviter de partir dans cette spirale stressante, et donc de laisser au repos votre cortex préfrontal droit et de stimuler votre cortex préfrontal gauche. C'est en grande partie sur ce processus de rééquilibrage que se basent les thérapies cognitives et comportementales. L'une des plus anciennes, la programmation neurolinguistique (PNL), le dit explicitement : il s'agit de prendre conscience de nos croyances et de nos réflexes conditionnés pour les déprogrammer et les « réinformer ».

Connaissez-vous l'histoire de Meyer Friedman et Ray Rosenman ? Dans les années 1950-1960, ces cardiologues de Los Angeles avaient constaté que dans leur salle d'attente, les sièges étaient systématiquement usés sur le bord antérieur. Pourquoi ? Parce que les gens ne s'asseyaient jamais entièrement : ils étaient tellement anxieux qu'ils ne se reposaient que du bout des fesses. Friedman et Rosenman en conclurent que leurs patients correspondaient tous à un certain profil de personnalité, du type impatient et stressé, et que c'était là l'origine de leurs problèmes cardiaques. Comme il appartenait lui-même à cette catégorie (à l'âge de cinquante-cinq ans, il avait déjà subi plusieurs infarctus), Meyer Friedman décida d'apprendre à se détendre et à y encourager ses patients, à qui il prit coutume de dire : *Sweetness is not weakness*, « Douceur n'est pas faiblesse ». Lui-même cessa de critiquer son épouse, évita de sermonner ses enfants et prit davantage le temps de s'intéresser aux animaux, aux plantes et aux humains. Et pour apprendre à calmer son impatience, il lut à trois reprises les sept volumes d'*À la recherche du temps perdu* de Marcel Proust ! Résultat : il vécut en parfaite santé jusqu'à l'âge de quatre-vingt-dix ans, sans plus le moindre problème cardiaque – sans médicaments ni psychanalyse !

Quel regard posez-vous sur la psychanalyse ?

Freud et les premiers psychanalystes étaient médecins. N'importe quel médecin, même s'il s'occupe des choses de l'esprit, désire les inscrire dans un substrat corporel, biologique, voire mécaniste. Parvenir à jeter des passerelles entre les processus cognitifs, la pensée, les émotions, d'une part, et les processus biologiques, anatomiques et fonctionnels, d'autre part, est très satisfaisant pour un médecin digne de ce nom. La médecine psychosomatique est née ainsi. Les médecins de la fin du XIXe siècle ne considéraient le corps qu'en tant qu'objet. Freud est venu leur rappeler que chacun de nous est aussi un sujet. Étant médecin, il voulait comprendre comment ce sujet interfère avec cet objet pour constituer un individu global et indivisible. La psychanalyse et la médecine psychosomatique sont donc nées du désir de certains médecins de ranimer le corps objet. Ce n'est pas un hasard si les premiers psychanalystes et les pionniers de la médecine psychosomatique étaient de culture germanique. Le romantisme allemand cherchait à ranimer la nature inanimée. Certes, les successeurs de Freud n'ont pas éprouvé le même besoin que lui d'inscrire la psyché dans la matière, mais quand on est médecin psychothérapeute comme je le suis, ce besoin subsiste.

De nos jours, il existe un combat stérile entre les trois grandes voies de la psychologie du XXe siècle : la psychanalyse, le comportementalisme et la psychologie humaniste. Cela me paraît regrettable car, au lieu d'exclure une de ces approches par rapport à une autre, il serait plus juste de les considérer comme complémentaires, chacune d'elles décrivant un aspect du « phénomène humain », tantôt résultat de forces sombres et non conscientisées – comme l'a très bien exploré la psychanalyse –, tantôt sujet à des comportements conditionnés par les expériences du passé et la culture de l'individu – comme l'ont montré les approches cognitivo-comportementalistes – et, ne l'oublions pas, souvent amené à actualiser un potentiel extrêmement lumineux – comme nous le rappelle la psychologie humaniste. Seule l'intégration de ces trois représentations de nous-mêmes dans une vision plus large peut nous donner accès à la connaissance de qui nous sommes vraiment.

Notre cerveau étant la structure la plus complexe que nous connaissions dans l'univers, pour essayer de le comprendre nous utilisons toujours la métaphore de la technologie la plus avancée du moment. Il y a un siècle, on le comparait à un central téléphonique. Aujourd'hui, on dit qu'il s'agit d'une sorte d'ordinateur biologique. Demain, d'autres métaphores tenteront de forcer la porte d'un mystère d'autant plus vertigineux que c'est précisément avec nos cerveaux que nous tentons de l'élucider.

Nos modèles et nos métaphores sont extrêmement provisoires. Vous savez que vingt ans après qu'on l'a brûlée en place publique, la théorie de Jacques Benveniste sur la mémoire de l'eau revient sur le devant de la scène, portée notamment par des chercheurs comme le Prix Nobel Luc Montagnier. Aidé par Bruno Robert, qui a travaillé avec Benveniste, il a développé des moyens de détecter les signaux électromagnétiques émis par les molécules – et ils ont même déposé, chacun de son côté, des brevets à ce sujet.

On se souvient que le grand allergologue Jacques Benveniste avait élaboré son hypothèse en essayant d'expliquer comment l'homéopathie pouvait être efficace alors que ses produits sont extrêmement dilués : l'eau conserverait une mémoire électromagnétique des molécules qui l'ont touchée. Supposons que cela soit vrai, quel rapport avec le cerveau ?

Nous allons sans doute un jour devoir reconnaître que nos métaphores très mécanistes (par exemple entre le cerveau et une machine chimique et électronique) relèvent d'une représentation dépassée. C'est un peu la « grande horloge de l'univers » du XVIIIe siècle. Même si la théorie de l'information est venue à point nommé pour nous aider à comprendre le monde et nous-mêmes, nous demeurons malgré tout prisonniers de schémas anciens et de causalités linéaires. Le modèle de la mémoire de l'eau participe d'une remise en question fondamentale du paradigme dans lequel nous fonctionnons actuellement. S'il s'avère que Jacques Benveniste ne s'est finalement pas tant trompé que cela, nous disposerions d'un niveau d'explication radicalement neuf de la neurologie. On entre là dans le vibratoire et l'informationnel. Le plus fort, c'est que nous y baignons déjà très concrètement, au quotidien, avec tous nos smartphones et ordinateurs branchés sur wifi. Mais nous avons du mal à imaginer que notre propre organisme fonctionne comme cela aussi.

Comme si le vivant n'avait pas pu avoir l'idée d'inventer la wifi avant nous ?

Exactement. Voilà donc venu le temps des métaphores vibratoires, informationnelles et énergétiques. C'est d'ailleurs vrai dans tous les domaines, en particulier en génétique. Nous pourrions, un jour prochain, apprendre que le fonctionnement de l'ADN ne s'explique pas sans une composante électromagnétique, qui véhiculerait l'information d'une manière qui nous échappe encore aujourd'hui. Et dans cent ans on dira : « Mais c'est évident ! » parce qu'on aura alors inventé les outils permettant de le comprendre. La science avance ainsi, d'une façon très humble – même si les scientifiques ne le sont pas toujours, que ce soit dans leurs affirmations ou leurs rejets. La vraie honnêteté consisterait à dire : « Peut-être la plasticité du cerveau fait-elle intervenir le remaniement permanent des circuits neuronaux et des synapses entre les cellules nerveuses. Mais peut-être fait-elle aussi intervenir d'autres phénomènes, qui sont d'ordre vibratoire et qui constituent une autre façon de transmettre l'information. » Vous savez sans doute que 50 % de la matière cérébrale restent très mal connus aujourd'hui. C'est ce que représentent les cellules gliales et les astrocytes. Quand j'étais étudiant, on nous disait : « Toutes ces cellules-là servent de squelette au cerveau. C'est là-dessus que les neurones viennent s'appuyer et c'est de là qu'ils tirent le glucose qui leur sert de carburant. » Aujourd'hui, on commence tout juste à se rendre compte que les cent milliards de cellules gliales que compte en moyenne un cerveau servent à bien d'autres choses, notamment à des mécanismes de régulation très fins dans la transmission de l'information. Autrement dit, nous ne faisons que commencer à explorer notre cerveau. Il est en grande partie inconnu et ce que nous appelons « plasticité neuronale » n'est vraisemblablement que le sommet d'un iceberg considérable.

Le moteur de la découverte, finalement, ce sont les technologies d'observation et d'imagerie...

Oui et non. Il est essentiel de rester conscient du fait que les technologies elles-mêmes restent prisonnières de deux choses : d'une part de la pensée qui les a créées, d'autre part de la façon dont on les utilise et dont on interprète leurs résultats. Prenons l'exemple de l'IRMf. C'est d'abord un outil merveilleux, qui permet de voir la structure cérébrale, son anatomie, de détecter certaines anomalies telles que des tumeurs ou des lésions. Et puis, du fait qu'elle est « fonctionnelle », elle nous permet de voir in vivo comment le cerveau réagit dans certaines situations et quelles dynamiques se mettent en place entre les différentes aires, les différentes structures cérébrales. Mais on ne peut nier que cet outil merveilleux a été inventé par la pensée occidentale, qui reste inexorablement avide de décortiquer, d'analyser, d'isoler, de séparer pour comprendre. Bref, d'une pensée réductionniste. Ainsi fonctionne notre pensée au moins depuis la modernité et le siècle des Lumières, sinon depuis Aristote. Et le postulat demeure toujours le même : nous nous disons capables de nous positionner en dehors de la nature, pour la comprendre dans les moindres détails et pour la contrôler. Cela concerne en particulier notre corps et notre cerveau : nous avons l'ambition d'en faire des objets naturels, connaissables et contrôlables du dehors. Or cette démarche, si elle parvient à d'indéniables résultats, repose en même temps sur une illusion : croire que l'on peut utiliser un outil d'esprit *analytique* pour appréhender un phénomène qui demanderait un esprit *intégratif*. Les phénomènes vivants sont des phénomènes éminemment intégratifs. Dans le cas du cerveau, ils sont en plus d'une complexité immense. Or l'outil même que nous utilisons pour l'observer est façonné d'une façon qui empêche l'accès à une certaine intégrativité.

Deuxième facteur limitatif : l'observateur, celui qui utilise l'outil et interprète ses résultats. Comment analyse-t-il les choses ? Dans quel dessein ? Quelles questions cela lui pose-t-il ? Un professeur de qi-gong m'a dit un jour : « La pensée chinoise est peut-être plus à même de comprendre le fonctionnement cérébral que la pensée occidentale, parce qu'elle est non linéaire, multidimensionnelle et ne fait pas forcément intervenir des liens de causalité immédiate. » Je ne connais pas suffisamment la pensée chinoise pour confirmer qu'il en va ainsi, mais je sais que la pensée occidentale est très linéaire, fondée sur l'idée de causalité immédiate, bref, qu'elle n'aime pas trop la complexité. Des hommes comme Edgar Morin nous ont certes appris qu'il était impossible d'éluder la complexité, mais c'est l'ensemble de notre pensée qui a du mal à intégrer les phénomènes cognitifs, la logique floue et acausale, la synchronicité, les processus multidimensionnels, etc.

Il n'empêche que les nouvelles techniques d'imagerie nous permettent de voir objectivement, par exemple, à l'intérieur du cerveau d'un pianiste en train de jouer, ce qui donne une fabuleuse symphonie de couleurs – quasiment la même, d'ailleurs, si ce pianiste ne fait qu'écouter un autre artiste jouer. Autrement dit, ces approches que vous qualifiez de « mécaniques et linéaires » nous font toucher du doigt des aspects très qualitatifs de la réalité...

Exact. Nous pourrions, par exemple, essayer de voir ce qui se passe dans un cerveau quand il est habité par une intuition. Sans doute plusieurs zones seront-elles alors activées, parce que l'intuition est typiquement un phénomène intégratif, qui met en relation des niveaux très différents de notre fonctionnement psychique. J'ai personnellement remarqué que je n'étais jamais aussi intuitif que lorsque je faisais l'effort de ne rien mentaliser, et refusais de me laisser entraîner dans mes divagations intellectuelles. Le fait d'arrêter de réfléchir, de jauger et de juger stimule mes sens : je devine beaucoup plus facilement les bonnes choses au bon moment, mon sens de l'orientation s'aiguise, mes instincts et perceptions sensorielles se réveillent. Je suppose que, dans mon cerveau, cela doit correspondre à un pic d'intégration d'une série d'informations non conscientisées mais très utiles pour me guider dans des choix judicieux. Néanmoins, je ne suis pas certain que les images neuronales diront grand-chose du processus lui-même...

Prenons les neurones miroirs : ne permettent-ils pas de comprendre pourquoi deux personnes en relation forte (comme deux amoureux) ont les mêmes zones corticales qui fonctionnent en même temps, et cela avec une subtilité parfois inouïe ?

Absolument. C'est vrai aussi des cerveaux d'un thérapeute et de son patient. Quand j'ai travaillé avec des guérisseurs, aux États-Unis, avant de devenir psychothérapeute, le phénomène m'a sauté aux yeux, parce qu'il s'agit d'une pratique basée avant tout sur la qualité de présence du soignant. C'est quelque chose de très subtil, qui se passe de tout échange verbal. Les adeptes du New Age vous diront que c'est le résultat d'une modification de la qualité du « champ énergétique » des personnes concernées. L'explication est un peu pauvre car on sait aussi que lorsque nous sommes dans une certaine qualité d'être, nous dégageons des signaux imperceptibles – de très légers tremblements des mains, un rythme respiratoire, une scansion des gestes, la façon dont nos yeux sont plissés ou dont nos pupilles sont dilatées, etc. – que la conscience habituelle ne perçoit pas, mais qui sont pourtant captés par le cerveau inconscient de notre interlocuteur, qui va les traiter à une vitesse folle…

Grâce aux fameux neurones en fuseau ?

Certainement, mais pas seulement. Cela rejoint ce que nous disions de l'intuition : toutes ces impressions subtiles et non conscientisées vont converger pour finalement déboucher sur une impression globale, un état intérieur. Cela explique, je pense, une grande partie de l'influence de la qualité de présence des guérisseurs, qui induit une sensation d'apaisement, de sérénité, de soulagement. Y a-t-il par ailleurs une implication des modifications du champ électromagnétique ? C'est possible. Certaines études commencent même à le prouver. Néanmoins, on peut déjà comprendre que le simple fait qu'un thérapeute soit tendu et irrité, ou calme et joyeux, va induire des états très différents chez son patient. Et cela fonctionne aussi en sens inverse, si bien qu'un bon thérapeute doit savoir comment désamorcer toute entrée en résonance de son cerveau avec celui d'un patient déprimé, en colère ou en désarroi – notamment en calmant sa propre respiration, en se relaxant, en s'intériorisant. Souvent, le patient énervé, sans s'en rendre compte, imitera ces gestes et finira par se détendre lui-même. Si jamais cet échange se déroulait tandis que l'on scannait les deux cerveaux, leur mise en résonance apparaîtrait probablement de façon flagrante. Ce jeu de miroir entre deux individus fait qu'ils vont pouvoir s'accorder. Et cela descend profondément dans leur physiologie respective. Les expériences de « mise en cohérence cortico-cardiaque[1] » montrent que quand quelqu'un parvient à calmer ses émotions, à ralentir sa respiration et à se centrer sur des pensées positives – ce qui est excellent pour son système cardiaque et son système immunitaire –, le même état a tendance à s'étendre à quiconque se trouve dans le voisinage proche, même si ces personnes ne sont pas conscientes de ce qui se passe.

---

1. Popularisée en France par le Dr David Servan-Schreiber, dont elle constituait l'une des sept méthodes pour « guérir de la dépression sans psychanalyse ni médicament » (cf. *Guérir*, Le Livre de Poche, 2008), la cohérence cortico-cardiaque est notamment mise en pratique par la fondation américaine HeartMath Institute.

Comment expliquer ce phénomène de contagion ?

La mise en résonance des organismes humains est un phénomène absolument banal. L'un des exemples les plus célèbres concerne les femmes vivant en communauté, par exemple dans un monastère ou en prison, dont les périodes d'ovulation ont irrésistiblement tendance à se produire en même temps. L'explication comporte un aspect purement chimique – par exemple via les hormones et les phéromones. On peut imaginer qu'elle réside également dans des phénomènes mécaniques, vibratoires et énergétiques, comme quand des pendules rapprochent leurs battements pour finalement devenir synchrones, ou quand une guitare sonne parce qu'on gratte la corde d'un autre instrument dans la pièce. La mise en résonance des cerveaux, quant à elle, repose sans doute sur des phénomènes encore plus complexes et nous réserve de grandes surprises dans les années à venir.

Quels seraient vos conseils pour garder un cerveau dynamique et jeune jusqu'à un âge avancé ?

D'abord développer sa curiosité. Je suis stupéfait de voir le manque de curiosité des gens. Nous sommes noyés sous les informations : nous en recevons trop et perdons la curiosité de chercher par nous-mêmes. Nous nous contentons de recevoir et de nous laisser gaver. Notre cerveau a besoin de nouveauté pour se maintenir en bon état de fonctionnement. Le doute, l'incertitude et l'interrogation intérieure sont indispensables pour susciter la curiosité qui nous amène à chercher et à inventer. La meilleure façon que j'ai trouvée de mettre ce principe en application est de tenir un journal de façon quotidienne. C'est pour moi l'occasion de me demander régulièrement : « Tu as pensé ceci ou cela, mais était-ce vraiment la seule façon de le penser ? N'y avait-il pas une autre façon de voir ? T'es-tu vraiment posé la bonne question ? » Un journal intime est un lieu de mémoire, mais aussi de questionnement, de réflexion. C'est un excellent moyen de se remettre en mouvement, d'évoluer et donc de garder de la vitalité. Ce qui est vivant est en mouvement. Comme tout humain, je fonctionne sur la base de croyances, de représentations des choses, mais sont-ce les seules représentations possibles ? N'y en aura-t-il pas d'autres ? Ne puis-je pas aller plus loin ?

Cette attitude qui maintient le cerveau plastique et l'esprit jeune, je la retrouve paradoxalement quand je donne une conférence à des personnes âgées. Il ne s'agit certes pas de n'importe quelles personnes âgées : celles-là font la démarche d'assister à mes conférences. Je trouve très émouvant de retrouver chez elles cette jeunesse qu'ont les enfants, mais que nous perdons ensuite parce que nous nous bardons de certitudes pour fonctionner de manière efficace. Hélas, trop de certitudes rigidifient nos voies neuronales. Ainsi perdons-nous la jeunesse de notre cerveau, donc notre jeunesse tout court. Certaines personnes âgées comprennent qu'il faut tout relativiser, que l'on peut, jusqu'au bout, changer sa façon de voir. À mesure que l'espérance de vie s'allonge, nous voyons de plus en plus de grands-parents se réémerveiller au contact de leurs petits-enfants, auprès desquels – sans doute par mise en résonance de leurs neurones miroirs – ils retrouvent une fluidité et une spontanéité qu'ils avaient perdues. Débarrassés du devoir d'assurer la logistique et l'éducation, de nombreux grands-parents ont suffisamment de recul pour arrondir les angles. Je pense donc que contrairement à ce que l'on s'imagine, la vieillesse peut être un âge privilégié de regain de fluidité, un troisième temps de la vie, où la plasticité neuronale et cérébrale peut jouer à fond, surtout au contact des plus jeunes générations. Nous savons désormais scientifiquement que des réseaux synaptiques peuvent se former jusque dans la très grande vieillesse. Rester fluide et souple est bien sûr essentiel sur le plan physique, d'où l'importance de trouver la forme de gym ou d'exercice qui nous va, mais c'est au moins aussi important sur le plan mental. Les deux fonctionnent ensemble : plus votre pensée est fluide, plus votre corps est délié, décontracté. Je m'en suis souvent aperçu en écrivant : au bout de quelques heures derrière mon ordinateur, mon dos, mes épaules, ma nuque me font mal et, comme par hasard, ce que j'écris devient lourd, rigide, ennuyeux. Je me lève alors, je mets de la musique, je danse et fais quelques mouvements d'assouplissement. Et aussitôt après, mon écriture retrouve de la fluidité, de l'humour et de la légèreté. C'est là une sorte d'évidence qui vaut pour tous les âges de la vie. Les enfants devraient apprendre des rudiments de yoga ou de méditation à l'école. Et il est grand temps – on le fait ici ou là de façon très ponctuelle – d'introduire dans les maisons de repos des cours de tai-chi ou de danse, etc. C'est bon pour le corps, le relationnel, le social et cela crée cette fluidité qui aidera les gens à être moins vulnérables. Les personnes âgées qui font ces exercices ont moins de chutes, d'accidents, ont un meilleur moral et de meilleures défenses immunitaires. Le phénomène de plasticité neuronale occupe une place primordiale dans ce processus de vitalité.

Les maladies neurodégénératives comme celle d'Alzheimer correspondraient-elles essentiellement à une perte de cette plasticité ?

On connaît encore très mal les causes de la maladie d'Alzheimer. Je ne crois pas qu'on puisse dans l'état actuel de nos connaissances dire qu'elle est juste le résultat d'une perte de curiosité ou d'une mauvaise gestion émotionnelle. Comme la plupart des maladies, son origine est probablement plurifactorielle, et il est fort possible que certaines pollutions et des déséquilibres alimentaires la favorisent également. Toutefois on a observé, en pratiquant l'autopsie de cerveaux de personnes très âgées – en particulier de religieuses qui, de leur vivant, avaient accepté de servir ainsi la science –, que certaines présentaient tous les signes anatomopathologiques correspondant à la maladie d'Alzheimer, alors qu'en réalité elles avaient échappé à ses manifestations cliniques. Pourquoi ? On ne le sait pas encore mais on a trouvé une corrélation troublante entre ce fait pour l'instant inexplicable (le non-déclenchement de la maladie) et le parcours personnel des religieuses concernées : en relisant les déclarations d'intention qu'elles avaient rédigées, toutes jeunes, au moment de faire le choix draconien d'entrer dans les ordres, on s'est aperçu que toutes l'avaient fait avec une joie et une conviction pleines et entières – ce qui n'est pas toujours le cas, loin de là. Et la suite de leur parcours avait apparemment obéi à la même attitude. Ces femmes avaient donc réussi à vivre dans une grande cohérence, leur désir essentiel et leur choix de vie se trouvant en quelque sorte alignés. Je vous parlais il y a un instant de l'importance de rester fluide ; je suis convaincu que notre plus ou moins grande cohérence existentielle est un autre facteur décisif du maintien de notre santé physique et psychique.

En conclusion, j'aimerais insister sur un point : ne pensons jamais que l'effort ne sert à rien. Curiosité, fluidité et cohérence font de nous des êtres vraiment vivants, éventuellement jusqu'à cent ans et au-delà, mais ces trois qualités nécessitent une discipline, une pratique, à mettre en œuvre dès l'enfance. Il ne s'agit pas de s'imposer une discipline sévère, mais une discipline bienveillante et régulière, au service de nous-mêmes. Pendant longtemps, la nature a imposé ses rythmes aux êtres humains. Aujourd'hui, la plupart de nous se sont affranchis de la nature. Du coup, nous avons perdu cette imposition de bon sens. Il faudrait apprendre à nous la dicter à nous-mêmes. Chacun de nous a besoin de trouver ses rythmes, de revenir à lui-même. Une alimentation équilibrée, et pas seulement en oméga-3, fait partie de cette autodiscipline, en particulier pour nourrir notre cerveau, qui est un gros consommateur d'énergie et de molécules complexes. L'évitement de nombreux poisons aussi, parce qu'ils endommagent et rigidifient nos voies neuronales – tabac, alcool, somnifères, anxiolytiques, drogues diverses, stress, manque de sommeil. Le problème est que certains de ces poisons sont invisibles, notamment les pollutions radioactives et les ondes électromagnétiques.

Hubert Reeves disait il y a peu de temps : « Les astrophysiciens pensent que nous connaissons à peu près 10 % de l'univers et les neuropsychiatres que nous n'uti-

lisons que 10 % du potentiel de notre cerveau. Je vois un rapport entre ces deux chiffres. » Qu'en pensez-vous ? Faudra-t-il forcément nous trouver confrontés à une crise épouvantable pour réveiller les ressources inouïes qui dorment en nous ?

Je crois que nous n'explorons jamais autant notre potentiel humain que quand nous nous trouvons en lien profond avec le vivant, la nature et ce que j'ai envie d'appeler le « bon sens ». Le paysan qui cultivait son champ au bord du Nil, il y a quatre mille ans, était probablement beaucoup plus relié à la vie et à sa propre nature que nous ne le sommes au travers de nos technologies sophistiquées. Nous avons créé une civilisation très éloignée du bon sens. Coupés de la nature, nous délirons, dans le sens étymologique du terme qui vient du verbe latin *delirare* : nous sommes « sortis du sillon ». Nous ne cherchons qu'à nous protéger et à conquérir, nous ne savons plus apprivoiser et danser avec la vie. Notre civilisation est guerrière et morbide. Nous voulons tout dompter et dominer quitte à abîmer et à tuer, jusqu'à nous-mêmes. Notre culture scientifique ne croit que ce qui est démontré par les méthodes de la science. Elle nous impose de fournir les preuves scientifiques de notre appartenance à la nature et de la « reliance » qui existe entre tous les éléments du vivant. Seul un changement de la représentation que nous avons de nous-mêmes et du monde – un changement de paradigme – peut nous faire revenir dans le sillon et retrouver le bon sens. C'est ce que nous enseignent toutes les sagesses et les spiritualités de l'humanité : revenir à l'instant présent, rester en lien avec la réalité dans une véritable rationalité, respecter profondément ce qui est sacré et vivant en nous, nous rappeler que le mot « humain » trouve sa racine dans le latin *humus* qui veut dire « terre » – cette terre où nous sommes nés, à laquelle nous appartenons et qui nous constitue. Cet *humus* qui est aussi la racine du mot « humilité ». Il est temps de se rappeler que nous ne sommes vraiment humains que si nous sommes humbles.

Je crains que la voie scientifique – celle qui fonctionne à coups de démonstrations sur la plasticité neuronale et les neurones miroirs – ne nous permette pas de changer nos représentations suffisamment rapidement pour éviter que nous nous abîmions définitivement. Tout a été dit et le chemin est tracé depuis très longtemps. On ne peut que regretter que nous mettions tant de temps à le parcourir. Comprendre l'esprit de ce nous sommes, de ce qu'est le monde, peut se faire à chaque instant de notre existence. Pas besoin d'électroencéphalogramme et de résonance magnétique nucléaire fonctionnelle pour cela. Il suffit de réapprendre à créer un espace à l'intérieur de soi pour faire l'expérience de la vie qui nous anime.

Êtes-vous optimiste ou pessimiste pour l'être humain ?

Théodore Monod, avec lequel j'ai eu la chance de jeûner, quelques mois avant sa disparition, en compagnie de mon ami Jean-Philippe de Tonnac (avec lequel il a cosigné son dernier livre : *Révérence à la vie*) a écrit un ouvrage dont le titre m'a semblé poser la question du pessimime : *Et si l'aventure humaine devait échouer*[1]. L'humanité sera-t-elle capable de faire le petit pas de côté

1. Tous deux parus chez Grasset, 2000.

qui lui permettrait d'arrêter de délirer, ce « saut quantique » pour revenir dans le sillon du bon sens, à la profonde connexion avec la nature, avec sa propre nature ? Je ne suis pas sûr que nous en soyons aptes d'une manière préventive, anticipatoire. Je crains que nous y soyons en fin de compte obligés. L'évolution ne se produit que dans la nécessité. Déjà les crises qui se profilent à l'horizon de notre civilisation nous laissent entrevoir cette nécessité. C'est la nature qui risque de nous rappeler à l'ordre et de nous donner une leçon d'humilité, une leçon d'humanité. Je pense que ce n'est pas un hasard si de plus en plus de gens, dans le monde scientifique et dans nos sociétés en général, s'intéressent à la méditation. Explorer le cerveau des pratiquants de la méditation est un fait de civilisation, un désir de mieux comprendre notre véritable nature, un moyen de nous convaincre que rien ne pourra se faire avec un peu de bon sens sans revenir à notre intériorité.

Épilogue

Mais alors qu'est-ce que la conscience ?

« Conscience » est un mot étrange, à la fois vague comme un fourre-tout et précis comme un rayon laser. Il intrigue les penseurs depuis toujours. Après avoir tourné autour quelque temps, Freud jugea le concept non opératoire et s'en désintéressa, préférant consacrer son temps à étudier l'inconscient. Les grandes traditions ne lui donnaient pas forcément tort : sur les milliards d'opérations qui se déroulent à chaque seconde en nous, de quelle ridicule fraction sommes-nous conscients ? Pourtant, quiconque fait un travail sur soi cherche à « prendre conscience ». S'interroger sur la nature de celle-ci est une quête irrépressible. Qu'est-ce que la conscience ? Interrogation quasi impossible, dans la mesure où c'est justement notre conscience qui se la pose. Peut-elle percer son propre secret ?

Dans la pratique, que nous le sachions ou pas, nous réinvestissons tous notre conscience chaque matin en nous réveillant, avant d'en traverser les multiples états – de la douce rêverie à la lucidité aiguë, du raisonnement logique à la projection intuitive, de l'angoisse des choses à faire à la décision volontaire de s'y mettre. La conscience alimente d'innombrables recherches en psychologie, neurologie ou philosophie expérimentale. Ces dernières années de très nombreux livres lui ont été consacrés. L'un des plus impressionnants et des plus récents est signé Antonio Damasio, le fameux professeur de neurosciences californien : *L'Autre Moi-même*, sous-titré « Les nouvelles cartes du cerveau, de la conscience et des émotions[1] ». Damasio s'y attaque à ce que les Américains appellent le *mind and body system* : comment le cerveau fait-il pour produire de la conscience ?

Cette énigme faramineuse est placée d'emblée dans le cadre de la pensée matérialiste, paradigme officiel des sciences de notre temps. Il en existe d'autres, relevant d'autres cultures, où le cerveau « capte » un champ de conscience, plutôt qu'il ne le produit. Pourquoi pas ? Mais le défi matérialiste est d'une audace vertigineuse, à la limite de l'impossible, puisque tout est là et qu'il faut résoudre le mystère sans faire appel à un « jocker » venu d'une autre dimension. Fermez juste les yeux et pensez au visage d'un proche. Comment se forme cette image ? Qui la regarde ? Et d'où vient que vous puissiez vous poser la question ? Pour Antonio Damasio, tenter d'y répondre nous concerne tous : elle éclaire nos limites et renforce notre sens des responsabilités. C'est donc, selon lui, un travail civilisateur et pacifiant.

---

1. Odile Jacob, 2010.

Épilogue

De l'art de rester en constante instabilité

Pour aborder ce casse-tête, Antonio Damasio choisit d'en retracer la genèse. Tout commence avec l'apparition de la vie. « Dès la première bactérie, dit le professeur, il y a de l'esprit. » Même une archéobactérie d'il y a 3,8 milliards d'années avait un esprit. C'est la même chose pour un lombric ou un géranium. Entendons-le ainsi : l'esprit correspond à la volonté de survie associée à la capacité à distinguer l'intérieur de l'extérieur et à l'art de réguler des taux chimiques. L'art en question est un phénomène mystérieux bien qu'omniprésent, qu'on appelle depuis Claude Bernard « homéostasie » – un mystère dont Antonio Damasio espère bien, un jour, pouvoir expliquer l'origine. L'homéostasie est la capacité d'un système à s'autoréguler, c'est-à-dire à rester à l'intérieur d'une certaine « fourchette d'instabilité viable ». Quand tout est stable, c'est la mort. La particularité fantastique de la planète Terre, qui la rend unique dans le système solaire, est justement qu'elle demeure en permanente instabilité sur de très nombreux plans qui rendent la vie possible (par exemple, son atmosphère est composée pour l'essentiel de 21 % d'oxygène et de 78 % de diazote, mélange absolument instable et pourtant en constant rééquilibrage).

D'une certaine façon, on pourrait même avancer que l'homéostasie, c'est la vie. Cela vaut pour une bactérie comme pour un humain. Entre ces deux extrêmes de l'aventure du vivant, disait déjà le psychologue et naturaliste Paul Diel dans les années 1950, il n'y a qu'une augmentation du degré de choix, mais la motivation est la même : vivre en homéostasie. En langage humain, cela revient à se sentir bien, être heureux.

Donc, selon Antonio Damasio, l'esprit existe dans toute vie, bien avant l'apparition du moindre neurone. Mais ce que les premières organisations neuronales vont permettre de constater, dès l'avènement des vers marins les plus primitifs, est un phénomène étonnant qui remet en cause notre propension cartésienne à séparer l'esprit du corps. Damasio n'aime pas le dualiste Descartes, il raffole du moniste Spinoza. En quoi cela concerne-t-il notre sujet ? Eh bien, notre esprit n'est pas séparé de notre corps, parce que la base de toute conscience est d'abord une iconographie, ou plutôt une cartographie du corps. Si nous sommes conscients, si nous pensons, si nous nous souvenons, c'est par notre corps et par sa cartographie.

Les sages le disent depuis toujours : chacun de nous abrite une foule de moi, entre lesquels un individu éveillé tente d'arbitrer. Antonio Damasio, lui, cherche à les définir : qu'est-ce qu'un moi ? Après trente ans de recherches, en liaison avec ses confrères du monde entier, le neuroscientifique l'affirme : le travail principal de l'esprit de tout être vivant consiste à cartographier sans arrêt ses moindres sensations et à en tirer un modèle interne de soi-même, mais aussi un modèle de soi par rapport au monde, et donc un modèle du monde. Un escargot, une mouche fonctionneraient à partir d'un tel mapping de leurs sensations (une bactérie sans doute aussi…). L'humain fait la même chose. Sauf que lui, poussant la complexité du processus plus loin qu'aucun autre être connu, se retourne en quelque sorte sur lui-même et, reconnaissant cette cartographie comme sienne, fait émerger une instance nouvelle : le soi. Mais avant d'en arriver là, précisons un peu.

Des sentiments du lombric à ceux de l'humain

Antonio Damasio n'hésite pas : même chez le lombric, aucune information n'arrive aux zones cartographiques du système nerveux central sans sentiment. Ou au moins sans « proto-sentiment ». Ce qu'il appelle ainsi, c'est le ressenti, c'est-à-dire l'appareil à mesurer l'homéostasie. Si mes taux sont équilibrés, mon sentiment est bon. S'ils sont déséquilibrés, il est mauvais. Souffrance ou plaisir, on connaît. Ce qu'on ne savait pas, c'est que cette bipolarité s'appliquait à des cartes. Il faut tenter d'imaginer une « cartographie sensible », ou des « images jouissantes ou souffrantes », un mapping en mouvement permanent…

Jusqu'à l'arrivée des hominidés, la conscience homéostatique des êtres vivants est restée en pilotage automatique. Nous-mêmes, nous fonctionnons encore essentiellement de cette façon. Mais nous avons une particularité : chez nous, une partie de notre esprit a réussi à s'autonomiser et à s'emparer des commandes – pour le meilleur et pour le pire d'ailleurs, puisque cela nous permet d'inventer des choses qui nous rendent malades. Du coup, l'affaire prend un tour beaucoup plus complexe…

Le saut évolutif « hominisant » a été permis par l'abondance et la structuration hyperordonnée de nos neurones[1]. L'humain est l'animal qui compte le plus de neurones. Alignés par milliards en rangées et colonnes, ils autorisent chez nous des cartographies d'une richesse inimaginable et d'une précision inouïe. Si riches et si précises que, selon le Pr Damasio, on pourra peut-être un jour « lire dans les pensées et les émotions de quelqu'un » rien qu'en décryptant ses cartographies neuronales !

Dans notre espèce, le défilé permanent des innombrables « cartes de sensations » se diviserait en trois grandes catégories :

– l'*intéroception* projette dans notre cerveau la cartographie des sensations de nos viscères (elle nous informe sur notre état physique, mais aussi sur toute expérience intérieure, émotionnelle ou mentale) ;

– la *proprioception* projette dans notre cerveau la cartographie des sensations de notre système musculo-squelettique (elle nous informe sur nos propres mouvements gouvernés par notre sens très sophistiqué de l'équilibre, mais aussi sur tout ressenti ayant trait à une action quelconque) ;

– l'*extéroception* projette dans notre cerveau la cartographie des sensations de nos cinq sens et de notre peau au contact du monde (elle nous informe sur notre environnement, mais aussi, grâce aux neurones miroirs, sur ce qui concerne autrui, donnant naissance à l'empathie).

---

1. Anciennement autonomes, comme beaucoup de nos cellules à l'aube de l'évolution, les cellules nerveuses se sont mises au service de toutes les autres et ont renoncé à pouvoir se reproduire, « car leur division (mitose) scinderait l'esprit en deux », dit Damasio.

Résumons : ce qui, en moi, lombric, hérisson ou humain, jouit ou souffre, mais aussi se souvient, pense ou imagine, c'est d'abord ce que mon corps transcrit, par ses moindres sensations, en cartes neuronales sensibles. Si je ressens, si je parle ou si je me souviens de quoi que ce soit – me concernant ou concernant le monde –, c'est que mon cerveau projette la cartographie des sentiments (on pourrait dire aussi des émotions) de mon corps. Images sensibles, procurant plaisir ou souffrance et suscitant illico des réactions de mon cerveau moteur, dans des boucles action-réaction. Mais cet ensemble n'est pas conscient de soi-même. Pour qu'il commence à le devenir, de façon embryonnaire chez les grands mammifères, puis de façon massive chez l'humain, il a fallu autre chose…

Comment et pourquoi la conscience de soi est-elle apparue ?

« Soi autobiographique » est le nom qu'Antonio Damasio donne à ce que nous appelons ordinairement la « conscience réfléchie » : savoir que nous existons, par l'intuition et la raison, et savoir que nous nous interrogeons sur ce savoir. Comment le soi autobiographique émerge-t-il de nos neurones ? Ne serait-il que la somme arithmétique des milliards de volontés de vivre de nos milliards de cellules nerveuses – cette somme ayant franchi un certain seuil quantitatif ? Fondée sur un « proto-soi » animal (une dimension présente dans tout corps vivant, que Damasio dit voir exister même chez les enfants nés sans cerveau), il est certain que la spécificité humaine n'a pu émerger qu'à partir d'un certain seuil neuronal, quantitatif et qualitatif. Selon l'éminent neurologue, notre soi serait apparu, de façon quasi obligée, une fois que nos cartographies intérieures eurent atteint une certaine densité : l'optimisation de leur usage exigeait en effet qu'elles se connaissent désormais elles-mêmes. C'est une vision darwinienne : que l'esprit puisse se voir en miroir a en effet apporté des avantages considérables aux différentes espèces humaines qui se sont succédé depuis quelques millions d'années. Mémoire, langage, capacité d'imaginer, de prévoir, de partager se sont combinés en une formidable spirale coévolutive, que décrit bien l'épigénétique, cette discipline nouvelle qui démontre qu'inné et acquis, nature et culture fonctionnent en boucle. Parler fait grandir le cerveau, qui peut accueillir de nouvelles cartes, qui enrichissent le langage, etc.

Pour l'essentiel, on le sait, notre système nerveux central s'est construit par couches sédimentaires au fil de l'évolution, depuis le cerveau reptilien (le tronc cérébral) jusqu'au cerveau hominien (le néocortex) en passant par les structures limbiques. Pour engendrer le soi autobiographique, toutes ces structures entrent en jeu. La conscience n'est pas localisée à un endroit, elle fait jouer tout le cerveau. Mais de façon différenciée (Damasio insiste là-dessus). Ainsi, le tronc cérébral serait la structure d'éveil des proto-sentiments, alors qu'à l'autre bout de la chaîne, le néocortex accueillerait les mécanismes de la mémoire, de l'imagination, du langage, etc. Le néocortex est le grand champion des cartographies ultrariches et sophistiquées, mais sans le tronc cérébral il ne peut rien.

Épilogue

Après bien des auteurs, Antonio Damasio se pose le problème de la liaison, souvent conflictuelle, entre le tronc cérébral, vital et primitif (les pulsions), et le néo-cortex, sensible et intelligent (la mémoire, la morale, la culture). Pour le chercheur, il y a un arbitre : c'est le thalamus, grand ordonnateur du dispatching des influx et de l'attention.

Reste cependant la grande question : comment les cartographies du cerveau humain se sont-elles coordonnées, à la fois pour s'unir et pour se distinguer les unes des autres (une même sensation peut donner tellement de sentiments différents) ? Autrement dit, encore une fois, comment est née la conscience réfléchie, le grand moi, le soi ? Ici, la vision damasienne touche à la fois à sa limite et à son sublime. Sublime parce qu'il montre que ni la conscience ni la mémoire n'ont de centre. Le « chef d'orchestre » apparu chez les humains pour faire jouer leurs différents moi ensemble, autrement dit leur grand moi conscient, ne serait autre que le fait même d'agir : ce n'est pas une chose, c'est un processus. Limite parce que Damasio tourne autour de la question sans y répondre : comment notre grand moi est-il apparu ? Comment la densification quantitative de nos neurones a-t-elle abouti à la révolution qualitative de l'émergence de la conscience ? À la dernière page de *L'Autre Moi-même*, Antonio Damasio reconnaît : « Le mystère [de la conscience] demeure, mais il est trop tôt pour s'avouer vaincu. » Autrement dit le combat de la recherche doit absolument continuer, mais nous ne tenons pas le fin mot de l'histoire.

Comment accéder à la conscience et la conserver ?

La conscience est-elle produite par le cerveau, ou existe-t-elle en soi ? Deux expériences fameuses suggèrent des réponses contradictoires. La première a fait beaucoup couler d'encre et suscité des polémiques passionnées, mais elle demeure irrésolue un quart de siècle après : c'est celle du neurophysiologiste Benjamin Libet, de l'université de San Francisco. Libet voulait savoir si c'était bien le fait de *décider* d'un geste – par exemple plier un doigt – qui initiait cette action. En mesurant au millième de seconde les temps d'action des différentes zones corticales concernées, il a découvert que le cerveau envoyait toujours ses ordres trois à quatre dixièmes de seconde *avant* que le sujet prenne consciemment sa décision. Toutes sortes de conclusions en ont été tirées. Par exemple que la conscience est capable de remonter le temps – pour aller donner ses ordres rétroactivement ! Ou que la conscience se situe dans une dimension hors temps… Mais la conclusion la plus courante des neurologues est que le cerveau prend ses décisions « seul » et que notre conscience, produite ou pas par les neurones, n'est pas grand-chose : juste une façon d'observer, après coup, leur action.

La seconde expérience a été menée en 1998 par le neurologue Matthew Botvinick, de l'université de Princeton. Imaginez qu'on camoufle votre bras droit sous la nappe et qu'à côté de votre main gauche posée sur la table, on place une fausse main droite en caoutchouc, que quelqu'un caresse, tandis que, sous la table, on caresse aussi la main cachée. Au bout d'un moment, vous avez la sensation que la main en caoutchouc est à vous – au point de ressentir quelque chose quand on ne caresse qu'elle. Mieux : le 6 décembre 2011, l'Australien Lorimer Moseley de l'université d'Adelaide a révélé que ce ressenti illusoire faisait chuter l'immunité du bras caché, autrement dit que celui-ci n'était plus considéré par le cerveau comme une partie du corps ! Notre aptitude à différencier le moi du non-moi, base de notre conscience, peut donc être influencée par un trompe-l'œil. Mais, si une subjectivité pure peut tromper le cerveau, n'est-ce pas que la conscience est indépendante de celui-ci ?

La solution à cette énigme pourrait-elle venir d'autres paradigmes, dits « spiritualistes », pour lesquels la conscience n'est pas produite par le cerveau, mais constitue une réalité plus absolue que lui ? Cette vision n'apparaît pas directement dans *Tout ce qui n'intéressait pas Freud*[1], le livre qu'un autre médecin consacre à la conscience, le Dr Philippe Presles, mais ce dernier, à plusieurs reprises, croise la route de deux bouddhistes fameux, Thich Nhat Hanh et surtout Matthieu Ricard – aussi passionné de neurologie que son ami le dalaï-lama. Pour eux, la conscience est la nature ultime du réel et le cerveau peut momentanément la canaliser dans un moi temporaire…

Reprenons d'abord notre question sur la conscience autrement. Nous sommes tous nés deux fois : le jour de notre naissance biologique, dont nous n'avons aucun souvenir, et le jour de notre naissance à la conscience, que nous nous rappelons par définition. Quand on remonte à

1. Robert Laffont, 2011.

ses plus anciens souvenirs, on a des flashs : un sourire, une odeur, une lumière, une ambiance… Et soudain jaillit une globalité, souvent vers quatre-cinq ans. C'est précisément quand ses propres enfants ont atteint cet âge que le Dr Philippe Presles a ressenti l'impérieuse nécessité de s'interroger sur la conscience. Il a alors décidé de mener une grande enquête en cherchant d'abord des indices signalant le « saut de la conscience » chez le petit humain. Presles trouve six indices, qui convergent tous vers l'âge de cinq ans :

– Nous devenons conscients quand s'instaure en nous un dialogue intérieur avec notre alter ego.
– Notre corps mémorise tout, mais notre conscience réflexive ne se souvient de rien avant un certain âge – même des pires souffrances.
– Aucun autre petit mammifère ne demande à son père ou à sa mère : « C'est vrai que tu vas mourir ? » Pour Presles, cette question de l'un de ses enfants fut le choc qui le poussa dans cette enquête
– La conscience arrive avec la découverte de la nudité.
– Pour le bambin, même les objets ont des intentions ; peu à peu il distingue ce qui est conscient ou pas, et vers cinq ans, comprenant que l'autre a son propre moi, il accède à l'humour… et au mensonge.
– La conscience morale s'enracine dans l'imitation (fondatrice de l'empathie) et dans l'obéissance (aux parents et au groupe).

Cependant l'accession à la conscience ne garantit pas son maintien chez l'adulte. Philippe Presles dresse une liste d'obstacles à notre lucidité. Certains semblent évidents : devenir insensible et rationalisant, préjuger de la pensée des autres, se laisser piéger par l'excitation ou par le succès personnel, ou encore se comparer à autrui. Mais d'autres pièges peuvent surprendre, notamment le plus commun : négliger sa santé. Philippe Presles : « Tout se passe comme si nous oubliions que notre conscience, c'est notre cerveau, et que notre cerveau, c'est notre corps. » Ce qui nous ouvre à une approche à laquelle nous ne sommes pas habitués en Occident : notre conscience est d'abord physique.

Cette adhésion à l'idée d'unicité du réel, qu'un Spinoza partagerait sans doute volontiers avec les penseurs hindous de l'*advaïta* (dépassement de la dualité), n'empêche pas l'observateur objectif de noter que notre conscience, si elle nous aide à vivre au quotidien, peut aussi connaître des états totalement extra-ordinaires. C'est ici en particulier qu'interviennent les maîtres bouddhistes, abondamment cités dans un chapitre que Philippe Presles consacre à ce qu'il appelle l'« hyperconscience ». Un domaine immense et fabuleux, qui va de l'expérience de mort imminente (ou *near death experience*, NDE) aux extases des grands sportifs, en passant par les expériences d'accidentés qui ont vu soudain le temps se ralentir, et de malades « miraculeusement » sauvés par une voix intérieure – le Dr Presles est d'autant plus intéressé par cette dernière forme d'état de conscience qu'elle l'a sauvé un jour d'une électrocution qui aurait dû être mortelle…

Pour désigner cette hyperconscience, les bouddhistes parlent d'un « quatrième temps », qui ne serait ni le passé, ni le présent, ni le futur. Ce temps s'atteindrait en s'exerçant à vivre la pleine conscience le plus souvent possible (en respirant, en marchant, en mangeant…) et connaît son pic dans la méditation, dont la pratique régulière est recommandée. Une approche qui ne contredit pas forcément les découvertes des neurosciences, mais qui les met en quelque sorte à l'envers.

Un voyage au-delà du cerveau

Peut-on dire quoi que ce soit du rapport entre notre cerveau et les états de « conscience cosmique » ? Une réponse nous est fournie par une neurologue américaine, Jill Bolte Taylor, à qui est arrivée une expérience extraordinaire. Une expérience qui aurait pu très mal se terminer et qui a radicalement changé sa vie…

Jill Bolte Taylor est une héroïne de la rééducation neuronale. Son aventure ressemble à un scénario de roman. Pour tenter d'aider son frère schizophrène, elle n'avait eu de cesse, depuis l'enfance, de comprendre les dérèglements du cerveau et avait fini par devenir une brillante neuro-anatomiste, à Harvard. En outre, comme ce type de recherche manque cruellement de cultures de cellules nerveuses (le don de cerveau n'est pas populaire), elle consacrait son temps libre à parcourir les États-Unis d'un bout à l'autre, guitare en bandoulière, pour recruter des « donneurs de cerveau » au nom de la NAMI (Alliance nationale pour la maladie mentale)… Et voilà qu'à trente-sept ans, le matin du 10 décembre 1996, alors qu'elle se réveille, la chercheuse est victime d'un accident vasculaire cérébral. La matinée qui suit est incroyable. Jill Bolte Taylor va en effet se révéler capable, pendant plusieurs heures, d'observer sa conscience quitter peu à peu son cerveau gauche. C'est là, en effet, que l'hémorragie s'est produite. Le néocortex de notre hémisphère gauche coordonne nos fonctions conscientes supérieures : langage, calcul, analyse, réflexion, discernement, sentiment du moi... Vague après vague, toutes ces capacités l'abandonnent peu à peu. Avec une douleur épouvantable, la jeune femme se lève et tente d'appeler à l'aide. Mais chaque fois qu'elle s'approche du téléphone, son cerveau rationnel la quitte et elle ne sait plus qui elle est, ni ce qu'elle fait. À mesure que l'hémorragie s'étend, elle réussit néanmoins, zone corticale après zone corticale, à comprendre pourquoi ses perceptions changent. Le plus étonnant est que sa mémoire gardera la trace des différents épisodes, notamment celui de son extase...

Car malgré la douleur qui la déchire, la chercheuse constate, ahurie, que si son cerveau gauche se trouve peu à peu neutralisé, le droit, lui, continue à fonctionner, et même mieux que d'habitude, n'étant plus entravé par le gauche qui, habituellement, le contrôle. Le néocortex de notre hémisphère droit coordonne nos fonctions subconscientes supérieures : sensibilité, intuition, sens de l'esthétique et de la synthèse, sentiment océanique de participation au monde... Ces fonctions occupant désormais tout l'espace de sa conscience, Jill connaît un véritable *satori* ! C'est ce qu'elle racontera dix ans après, dans *Voyage au-delà de mon cerveau*[1]. Sa souffrance se trouve effacée par une formidable sensation d'amour cosmique Une sorte de NDE. Une immense euphorie l'envahit à mesure que son moi s'évanouit et qu'elle se sent fusionner avec le « tout ».

1. Jean-Claude Lattès, 2008.

Le plus fort est que, de temps en temps, son cerveau gauche se remettant à fonctionner un instant, elle comprend rationnellement ce qui lui arrive. Elle vérifie sur elle-même ce que les neurologues commencent à l'époque tout juste à découvrir, en équipant d'électrodes les crânes de moines bouddhistes en train de méditer ou de nonnes chrétiennes en train de prier. Des données qu'Eugene d'Aquili et Andrew Newberg décriront bientôt dans *Pourquoi Dieu ne disparaîtra pas*[1]. Chez des sujets entraînés, la méditation ou la prière ont pour effet de réveiller et d'exacerber la vigilance et la présence, mais d'endormir les zones corticales nécessaires pour distinguer et séparer le moi du reste du monde. C'est ce que vit la jeune neurologue qui, plus tard, « remerciera son AVC » de lui avoir fait connaître l'expérience mystique qui transformera sa vie.

Un sentiment d'extase si puissant qu'il lui faudra fournir un effort colossal pour finalement réussir à composer un numéro de téléphone et à pousser un grognement, qu'heureusement l'un de ses collaborateurs saura décrypter comme un appel au secours. Paralysée, Jill Bolte Taylor passera très près de la mort. Mais jamais une partie de sa conscience n'aura cessé de tout noter, par curiosité intellectuelle et, dit-elle, dans l'espoir d'aider et de prévenir les innombrables victimes potentielles d'un AVC. Extrêmement diminuée, elle mettra dix années à récupérer ses capacités physiques et mentales, au prix d'efforts quotidiens, démontrant à son tour à quel point le cerveau humain est plastique et adaptable.

1. Sully, 2003.

Épilogue

Pas étonnant que son livre soit devenu un best-seller mondial. Imaginez une exploration intérieure comme celle de Jean-Dominique Bauby dans *Le Scaphandre et le Papillon*[1], mais qui rejoindrait *La Vie après la vie*[2] de Raymond Moody et qui, surtout, se terminerait bien !

---

1. Robert Laffont, 2007.
2. Robert Laffont, 1977.

Bibliographie

Christophe André, *Les États d'âme – Un apprentissage de la sérénité*, Odile Jacob, 2009.

Christophe André, *Méditer jour après jour*, livre et CD, L'iconoclaste, 2011.

Eugène d'Aquili, Andrew Newberg, *Pourquoi Dieu ne disparaîtra pas – Quand la science explique la religion*, Sully, 2003.

Jill Bolte Taylor, *Voyage au-delà de mon cerveau – Une neuro-anatomiste victime d'un accident cérébral raconte ses incroyables découvertes*, Jean-Claude Lattès, 2008.

Louann Brizendine, *Les Secrets du cerveau féminin,* Grasset, 2008.

Rita Carter, Susan Aldridge, Marty Page et Steve Parker, *Le Grand Larousse du cerveau*, 2010.

Jean-Pierre Changeux, *L'Homme neuronal*, Fayard, 1983.

Boris Cyrulnik, *De chair et d'âme*, Odile Jacob, 2008.

Boris Cyrulnik, *La Résilience ou Comment renaître de sa souffrance*, Fabert, 2009.

Dalaï Lama, *Passerelles – Entretiens avec des scientifiques sur la nature de l'esprit*, Albin Michel, 1995.

Antonio Damasio, *Le Sentiment même de soi – Corps, émotions et conscience*, Odile Jacob, 1999.
Antonio Damasio, *Spinoza avait raison – Joie et tristesse, le cerveau des émotions*, Odile Jacob 2003.
Norman Doidge, *Les Étonnant pouvoirs de transformation du cerveau – Guérir grâce à la neuroplasticité*, Belfond, 2007.
Roger-Pol Droit, *Humain*, Flammarion, 2012.
John Eccles, *Comment la conscience contrôle le cerveau*, Fayard, 1997.
Lise Eliot, *Cerveau rose, cerveau bleu – Les neurones ont-ils un sexe ?*, Robert Laffont, 2011.
Christopher Frith, *Comment le cerveau crée notre univers mental*, Odile Jacob, 2010.
René Girard, *La Violence et le Sacré*, Grasset, 1972.
René Girard, *Des choses cachées depuis la fondation du monde*, avec Jean-Michel Oughourlian et Guy Lefort, Grasset, 1978.
Daniel Goleman, *Cultiver l'intelligence relationnelle*, Robert Laffont, 2009.
Marie Grosman et Roger Lenglet, *Menaces sur nos neurones – Alzheimer, Parkinson... et ceux qui en profitent*, Actes Sud, 2011.
Rick Hanson, Richard Mendius et Christophe André, *Le cerveau de Bouddha : bonheur, amour et sagesse au temps des neurosciences*, Les Arènes, 2011.
Olivier Houdé, Bernard Mazoyer et Nathalie Tzourio-Mazoyer, *Cerveau et psychologie*, PUF, 2010.
Thierry Janssen, *La Solution intérieure*, Fayard, 2006.
Thierry Janssen, *Le Défi positif*, Les Liens qui libèrent, 2011.
Marc Jeannerod, *La Nature de l'esprit*, Odile Jacob, 2002.
Jon Kabat Zinn, *Au cœur de la tourmente, la pleine conscience*, De Boeck, 2009.

Eric Kandel, *À la recherche de la mémoire – Une nouvelle théorie de l'esprit*, Odile Jacob, 2007.

Christof Koch, *À la recherche de la conscience*, Odile Jacob, 2006.

Jean-Philippe Lachaux, *Le Cerveau attentif – Contrôle, maîtrise et lâcher-prise*, Odile Jacob, 2011.

Joseph LeDoux, *Le Cerveau des émotions*, Odile Jacob, 2005.

Jonah Lehrer, *Faire le bon choix – Comment notre cerveau prend ses décisions*, Robert Laffont, 2010.

Jean-Pierre Lentin et Stéphane Horel, *Drogues et cerveau*, Panama, 2005.

Jonah Lehrer, *Proust était un neuroscientifique – Ces artistes qui ont devancé les hommes de science*, Robert Laffont, 2011.

Pierre Magistretti, *À chacun son cerveau : plasticité neuronale et inconscient*, Odile Jacob, 2004.

Jean-Michel Oughourlian, *Genèse du désir*, Carnets Nord, 2007.

Jean-Michel Oughourlian, *Psychopolitique*, éd. François Xavier de Guibert, 2010.

Philippe Presles, *Tout ce qui n'intéressait pas Freud – L'éveil à la conscience et à ses mystérieux pouvoirs,* Robert Laffont, 2011.

Edouard de Perrot, *Cent milliards de neurones en quête d'auteur : aux origines de la pensée*, L'Harmattan, 2010.

Vilayanur Ramachandran, *Le cerveau fait de l'esprit – Enquête sur les neurones miroirs*, Dunod, 2011.

Giacomo Rizzolatti et Corrado Sinigaglia, *Les Neurones miroirs*, Odile Jacob, 2011.

Oliver Sachs, *Musicophilia : la musique, le cerveau et nous*, Le Seuil, 2009.

Oliver Sachs, *L'Œil de l'esprit*, Le Seuil, 2012.

Bibliographie

Zindel Segal, *La Thérapie cognitive basée sur la pleine conscience pour la dépression*, De Boeck, 2006.
Jean-Didier Vincent et Pierre-Marie Lledo, *Le Cerveau sur mesure,* Odile Jacob, 2012.

Table

III. Notre cerveau est émotionnel et autonome

IV. Notre cerveau reste une énigme

DANS LA MÊME COLLECTION

Entretiens/Clés

Le monde s'est-il créé tout seul ?
Trinh Xuan Thuan, Ilya Prigogine, Albert Jacquard,
Joël de Rosnay, Jean-Marie Pelt, Henri Atlan
et Patrice Van Eersel

J'ai mal à mes ancêtres !
La psychogénéalogie aujourd'hui
Catherine Maillard et Patrice Van Eersel

L'Avenir de l'esprit
Thierry Gaudin et François L'Yvonnet

Et le divin dans tout ça ?
Jean E. Charon et Erik Pigani

Quelle langue parlaient nos ancêtres préhistoriques ?
Marcel Locquin et Vahé Zartarian

Enquête sur la réincarnation
M. Ricard, A. Steinsaltz, M. de Gandillac, J.-Y. Leloup

Amour, sexe et spiritualité
ouvrage collectif

La nature nous sauvera
Réponses préhistoriques aux problèmes d'aujourd'hui
François Couplan et Patrice Van Eersel

Oui, nous pouvons nous transformer
Arnaud Desjardins et Jean-Louis Cianni

Donner du sens à sa vie
40 entretiens sous la dir. de Marc de Smedt
et Patrice Van Eersel

Essais/Clés

La mort n'est pas une terre étrangère
Stéphane Allix

Retour à l'émerveillement
Bertrand Vergely

Ce héros qui est en chacun de nous
Laureline Amanieux

La Mutation du futur
Colloque de Tokyo

Le Cercle de vie
Initiation chamanique d'une psychothérapeute
Maud Séjournant

Le Rire du sacré
Jean-Claude Marol

Réapprivoiser la mort
et *Mettre au monde. Enquête sur les mystères de la naissance*
Patrice Van Eersel

Le Cercle des Anciens
Patrice Van Eersel/Alain Grosrey

Sans les animaux, le monde ne serait pas humain
Karine Lou Matignon

Qui croyez-vous être ?
Dr Carlos Walter

Le Grand Livre des rêves
Roger Ripert, Sylvain Michelet, Nicolas Maillard

Le Chemin des neuf mondes
et *Kogis. Le réveil d'une civilisation précolombienne*
Éric Julien

Chamanes au fil du temps
Jeremy Narby et Francis Huxley

Les Cévennes, rêve planétaire
Marie-Joséphine Grojean

L'homme qui a tué mon frère
Brigitte Sifaoui

Le Grand Roman des bactéries
Martine Castello et Vahé Zartarian

Une boussole pour la vie
Les nouveaux rites de passage
Fabrice Hervieu-Wane

Composition IGS-CP
Impression CPI Bussière, juillet 2013
à Saint-Amand-Montrond (Cher)
Éditions Albin Michel
22, rue Huyghens, 75014 Paris
www.albin-michel.fr

ISBN 978-2-226-24074-3
N° d'édition : 19191/05. – N° d'impression : 2004230.
Dépôt légal : avril 2012.
Imprimé en France.